MALDICIÓN ETERNA
A QUIEN LEA ESTAS PÁGINAS

NUEVA NARRATIVA HISPÁNICA

SEIX BARRAL
BARCELONA • CARACAS • MÉXICO

MANUEL PUIG

Maldición eterna a quien lea estas páginas

Diseño cubierta: Josep Navas

Primera edición: noviembre de 1980
Segunda edición: agosto de 1981

© 1980 y 1981: Manuel Puig

Derechos exclusivos de edición
reservados para todos los países de habla española:
© 1980 y 1981: Editorial Seix Barral, S. A.
Tambor del Bruc, 10 - Sant Joan Despí (Barcelona)

ISBN: 84 322 1391 8
Depósito Legal: B. 26772 - 1981

Printed in Spain

PRIMERA PARTE

—¿Qué es esto?

—Plaza Washington, señor Ramírez.

—Plaza sé lo que es, Washington no. No del todo.

—Washington es el apellido de un hombre, del primer presidente de los Estados Unidos.

—Eso lo sé. Gracias.

—...

—Washington...

—No tiene importancia, señor Ramírez, es un apellido y nada más.

—¿Era dueño de este terreno?

—No, le pusieron este nombre en honor a él.

—¿Qué es eso de "le pusieron este nombre"?

—Le pusieron un nombre. ¿Por qué me mira así?

—Un nombre...

—Mi nombre es Larry. El suyo es Ramírez. Y Washington es el nombre de la plaza. La plaza se llama Washington.

—Gracias. Eso lo sé. Lo que no sé... es lo que se tendría que sentir, cuando se dice Washington.

—...

—Usted dijo que el nombre no tiene importancia. ¿Qué tiene importancia, entonces?

—Lo que es importante para mí no es importante para usted. Cada uno piensa como le parece.

—¿Pero qué es lo que tiene importancia de veras?

—Se me paga para pasearlo en su silla, no para que le exponga toda una filosofía.

—A usted lo mandó una agencia ¿no es así?

—Sí, me dijeron que tenía que sacarlo en la silla de ruedas y nada más. No pagan gran cosa, pero si encima tengo que dar lecciones de inglés voy a pedir más dinero. La vida está cara en Nueva York.

—Señor... Larry. Yo sé inglés, sé todas las palabras. En francés, en italiano, sé las palabras. En castellano, mi lengua original, sé todas las palabras, pero...

—...

—Estuve muy enfermo, en mi país. Me acuerdo de todas las palabras, de cómo se llaman las cosas que se pueden tocar, y ver. Pero otras cosas, que no están más que en... en...

—...en su mente...

—No, no es eso. Pero ya se va a dar cuenta, más que pronto.

—...

—Pero las palabras las sé.

—¿De veras las sabe?

—Sí... Washington, Larry, plaza, Larry joven, yo viejo, muy viejo, setenta y cuatro, y árboles, bancos, pasto, cemento, eso lo sé. Pero colapso nervioso, depresión, euforia, eso no lo sé. Los médicos me nombraron esas cosas.

—¿No se las explicaron?

—...

—Debió preguntarles.

—Sé lo que significan, leí la definición en el diccionario, pero tal vez no las haya experimentado últimamente. Y por eso entiendo el significado... hasta cierto punto, nada más.

—¿De veras sabe todos esos idiomas?

—Sí. ...Qué día tan feo.

—¿Hace mucho frío para usted, aquí afuera?

—No, lléveme por favor hasta el centro de la plaza. ...Anoche, en el sueño, vimos un árbol como aquel de allá, aquel cerca del centro.

—¿Vimos?

—Sí. Usted, y yo, y todos. Estaba bien a la vista.

—¿Qué sueño era?

—El sueño de anoche.

—¿Qué quiere decir con eso?

—La gente tiene un sueño, todas las noches. Y a veces más de uno ¿no es así?

—Sí.

—Y en el sueño de anoche había un árbol como ése, y una de las ramas estaba cargada de fruta. Pero nada más que una rama.

—Escuche, señor Ramírez, la gente tiene sueños mientras duerme. Pero cada uno sueña solo. Es cosa particular, privada.

—¿Pero no vio ese árbol anoche, el de la rama diferente?

—No, no lo vi.

—Toda la demás gente lo vio.

—Nadie lo vio. Usted solo lo vio. El único en el mundo.

—¿Por qué?

—Porque es así. Cuando se sueña se está completamente solo.

—No vaya tan rápido, si la silla salta me hace mal. Son muy bruscos esos saltos.

—Perdone.

—Me está empezando el dolor.

—¿Qué dolor?

—El del pecho.

—¿Lo llevo de vuelta?

—Me está doliendo mucho...

—Oiga, lo voy a llevar de vuelta.

—No, volver allá no, por favor...

—No me quiero meter en líos. Si no se siente bien,

nos volvemos.

—Por favor, no tan brusco... no vaya rápido.

—Lo siento, perdone.

—¿Lo siento? A cada rato dicen eso todos, ¿qué es?

—...

—¿Qué es?

—...

—No me mire así... Yo sé lo que significa, que se están disculpando. ¿Pero qué les está pasando por dentro cuando dicen eso?

—...

—El dolor es tan fuerte... por favor, Larry, diga algo, muéstreme algo de la calle, o de acá del parque ¡algo! ...así el dolor se me pasa... Ya no lo puedo soportar...

—No debió insistir tanto en salir, un día tan frío como hoy. Es toda culpa suya por insistir.

—Lléveme adentro de una de esas casas. Son tan hermosas, y viejas, adentro deben resultar de lo más acogedoras.

—Casas fueron antes, ahora son oficinas, de la Universidad. No podemos entrar. Hay gente trabajando, o cargándole almuerzos al presupuesto general.

—Ese hombre... ése... ¿por qué está corriendo? No se siente bien, parece descompuesto.

—Está haciendo ejercicio. Es un modo de entrenarse.

—Pero esa cara, algo malo le tiene que pasar, está descompuesto de veras.

—No, es por el esfuerzo de correr. Le hace bien.

—Pero yo creía, que cuando la gente ponía esa cara, era porque estaba sufriendo.

—Sí, es una manera de forzar el organismo. Pero eso mismo le va a rendir más energías para el resto del día.

—¿Cómo lo sabe usted?

—Yo corro todas las mañanas, y tal vez pongo esa cara también, de sufrimiento.

—La mujer... la que cruza la calle...

—¿Qué le pasa?

—Acérqueme a ella, el dolor está fuertísimo, usted no se puede imaginar hasta qué punto... Y el ahogo.

—...

—Trae al bebé a la plaza, ¿no ve?... No hace mal venir a la plaza, con este frío...

—De acuerdo.

—Y al perro, también al perro lo trae.

—Sí, también.

—¿Qué le pasa en los dientes, a ella?

—¿En los dientes?

—Acérqueme, por favor...

—No tiene nada en los dientes... Le está sonriendo al chico, nada más.

—¿Sonriendo?

—Sí ¿tampoco eso sabe qué quiere decir?

—No.

—Mi Dios...

—Sí, por supuesto que sé lo que quiere decir ¿pero qué es lo que le hace abrir la boca, y levantar el labio?

—Para mí es agotador explicarle palabra por palabra. Y me niego a hacerlo.

—¡Qué está diciendo!, ¡el dolor es ya intolerable! Explíqueme... lo que le pedí.

—Cuando se está contento con algo, uno sonríe.

—¿Contento?

—Santo cielo ¿cómo se lo explico? si no siente dolor, ese dolor en el pecho, si está viendo el árbol, ese árbol suyo... con la rama y toda la fruta... Y quiere comer la fruta... Y va y agarra una, y se la come, entonces a lo mejor... sonríe, y muestra los dientes.

—...

—¿Me entendió?

—No, demasiadas palabras. ...Pero el dolor ya no es

tan fuerte, por lo menos.

—De acuerdo, demasiadas palabras ¿pero qué importancia tiene eso de sonreír? Sé que usted no entiende pero una sonrisa puede no significar nada. Se puede sonreír y no sentir nada. La gente lo hace y nada más. Me importa una mierda que sonrían o no.

—No me gusta ese lenguaje.

—Sonreír es una mierda, es falso, vacío, en la mayoría de los casos.

—Me resulta todo muy confuso. Por eso es que le pido que me lleve hasta el centro mismo de la plaza. Así tengo una perspectiva más clara. Voy a estar a la misma distancia de las cuatro esquinas, por lo menos.

—Hoy hace menos frío. El tiempo cambia muy rápido en esta ciudad.

—Así es.

—...

—Tenemos un rato más ¿qué calle tomamos?

—La misma, por favor.

—¿Hizo la llamada?

—¿Qué llamada?

—La llamada telefónica para conseguirme el aumento.

—Llamé, pero la secretaria ya se había ido.

—Tendrá que llamar otra vez.

—Sí, voy a llamar.

—Entonces, señor Ramírez, la misma calle.

—Sí, la misma por favor.

—Hay otras más interesantes aquí en el Village.

—¿Tiene anotaciones hechas sobre el barrio?

—¿Qué anotaciones? Ahora vivo aquí, pero lo conozco de antes, de cuando estudiaba en la Universidad.

—¿Y eso?

—Estudié en esa Universidad de la plaza. Estoy diplomado.

—¿En qué?

—Historia.

—¿Pero entonces por qué está haciendo un trabajo así?

—¿Qué es esto, la Inquisición? ¿no se puede hablar de otra cosa?

—A mí me gustaría hablar de esta Universidad

adonde fue, por ejemplo.

—¿Dos personas no pueden conversar sin meterse en cuestiones privadas? Hablemos de deportes, o de las últimas noticias, ¡qué sé yo! ¡de terremotos! ¡de libros!

—¿Cuál es el libro que más le gustó?

—Eso no se puede contestar. He leído muchos libros, de muchos temas diferentes. Muchos me impresionaron realmente, pero es imposible compararlos. No se puede, hacer una pregunta así.

—Cuando vaya a su casa puede mirar la biblioteca, y a lo mejor encuentra el libro que prefiere.

—No tengo biblioteca. Me estaba mudando tan seguido que dejé los libros en un depósito, en el sótano de un tal que tiene ferretería, en Canal Street.

—¿Se piensa mudar otra vez, de donde está?

—Espero que no. Si puedo seguir pagando el alquiler.

—¿Tiene familia numerosa que mantener?

—Sí, un gato.

—Entonces vive solo.

—Sí.

—¿En qué calle?

—Carmine, por aquí cerca.

—Creo que una vez la cruzamos.

—¿Le gusta el ajedrez, señor Ramírez?

—No.

—¿Juega a las cartas?

—No.

—No me diga que le interesan los horóscopos...

—No sé, Larry...

—Si hay algo que me revienta es la gente que trata de explicarse la vida con el horóscopo.

—Vi a una enfermera del Hogar estudiando uno de esos libritos y me dijo que podía hacerse amiga mía, porque ella también era de un signo de tierra, Virgo.

—...

—Yo soy capricorniano.

—Toda una hazaña, señor Ramírez.

—¿Y usted?

—Hace algunos años trabajé en una oficina, y los más ignorantes seguían todos el horóscopo, en especial las mujeres. Para entender por qué no les había ocurrido nada especial, mientras que sí les iba a tocar en el futuro. La mayoría no tenía salida en la vida, tanto por circunstancias externas como por inhibiciones propias.

—¿Circunstancias externas?

—Ajá, el empleo, el dinero...

—Y usted anotó todo eso, y cuando quiere va y lo lee de nuevo.

—¿Cómo?

—Tal vez lo haya leído esta misma mañana, y por eso me lo está mencionando.

—¿De qué habla?

—Así es, ojalá tuviese yo mis anotaciones, para poder discutirlas. Con alguien que se interesase, claro está.

—Yo no anoté nada de eso, me acuerdo nomás.

—Yo también me acuerdo de cualquier cosa que estudio, todo lo que leo, ahora en el Hogar, de todo me acuerdo. Tengo buena memoria.

—Sigo sin entender. Esas mujeres no tenían importancia para mí, se me ocurrió acordarme de ellas nada más, de cómo eran.

—Yo recuerdo todo lo que llevo leído desde que aterricé en esta ciudad, la semana pasada.

—Si lee mucho, no se pierda el horóscopo del año próximo, acaban de publicarlo. Buen regalo para las Fiestas.

—Ese tono de voz corresponde a burla ¿verdad?

—Veo que está haciendo progresos... A todo esto, señor Ramírez, había un papel con una anotación suya con mi nombre, sobre su mesa, y una línea y la palabra enfermera. Es todo lo que alcancé a ver. ¿Qué era eso?

—Nada.

—¿Cómo que nada? ahora hago yo las preguntas. Si no me contesta le aplicaré la misma ley.

—Era una tontería.

—Por algo lo quiere ocultar.

—Pues nada. Una enfermera del Hogar me preguntó por usted.

—¿La de Virgo?

—¡No! esa es joven y bonita.

—¿Quién entonces?

—Una... más vieja. Sí, vieja y fea.

—¿Qué quería saber?

—Ella y otra que se acercó, más vieja todavía, me preguntaron quién era usted.

—¿Y?

—Parece que cualquier joven las impresiona. Lo encontraron bien parecido, viril.

—Qué amables, merecen recompensa: no les cuente nada. ...¿Pero qué más le dijeron?

—¿Su gato está solo en su casa, todo el día?

—Cuénteme que más le dijeron de mí.

—Nada. Bueno... una de las enfermeras viejas, no la de Virgo, me dijo algo, ¡vaya a saber qué! Parece que vive en este mismo barrio, y lo ha visto antes.

—Es posible. ¿Qué más dijo?

—Nada.

—Sí, vamos, se nota que me está ocultando algo.

—Dice que hace mucho que lo viene viendo. Y que siempre piensa lo mismo, un muchacho bien parecido y siempre solo, y todo canoso, ya pronto se va a poner viejo, ¿qué espera para encontrar una mujer?

—...

—Y dice que también pensó si usted andaba sin trabajo, porque lo veía muy seguido en la plaza, a la tarde temprano, mirando a los viejos que juegan al ajedrez.

—Estoy sin trabajo.

—¿Ya antes había cuidado gente como yo?

—No, esta es la primera vez.

—¿Por qué no tiene un trabajo mejor?

—Otra vez con las preguntas personales. Hablemos del mundo, de la realidad, que es más importante. ¿No le interesa la cuestión de Egipto e Israel?

—No estoy respirando bien hoy... algo me pasa.

—...

—Pensándolo de nuevo, tal vez haya tomado notas toda mi vida, pero cuando llegué tenía poco equipaje.

—Me perdí de nuevo, señor Ramírez.

—Quiero decirle que soy de esas personas que tienen el vicio de las notas. En el Hogar tomo notas todo el tiempo. Creo que antes también.

—Supongo que sí.

—Pero usted no ¿verdad?

—No, casi nunca.

—¿Pero entonces cómo es posible? ¿lo mismo recuerda cosas de hace tiempo?

—Sí.

—¿Y eso lo puede hacer usted solo, o mucha gente?

—Bueno, hay quien se acuerda.

—Yo no.

—Tal vez salga ganando, señor Ramírez.

—Nunca me vuelva a ocultar algo, porque se lo voy a hacer pagar muy caro.

—¿Cómo dice?

—Sí, a usted y a todo aquel que me oculte algo.

—¿Por qué tiene que hablarme en ese tono? ¿está loco?

—El médico me la va a pagar... Me ha hecho pasar por un imbécil.

—...

—Yo busqué en la Enciclopedia algo sobre la memoria, y estaba todo explicado, pero creí que se refería a lo reciente nada más.

—...

—El enfermero del Hogar maneja la silla mejor que usted. Y es hombre también él. De las muchachas ni hablar, son más suaves todavía.

—...

—¿Por qué mete la mano en la basura? Es todo mugre.

—No todo, señor Ramírez, la gente saca de vez en cuando los diarios y revistas viejos... para que se los lleve el basurero. Me gustan las revistas, pero son caras.

—No se ponga ahora a leer, preste atención adonde va.

—Yo sé lo que hago.

—La calle Carmine. Por aquí vive usted.

—Ajá.

—Nunca he entrado en una casa de verdad, aquí en este país.

—...

—¿Por qué no me invita un momento? ¿está lejos?

—Está cerca, esta calle tiene dos cuadras de largo nada más.

—Qué bien. ...No, no doble ¿por qué dobla?

—Es fea esta calle. Y mi casa peor todavía.

—¿De veras?

—Son dos piezas chicas.

—En el Hogar yo tengo una sola. Me gustaría ver una casa norteamericana por dentro.

—...

—¿No me invita?

—¡No!

—Dice que la casa es fea para no invitarme. Dos piezas chicas pero muy acogedoras.

—Dos piezas chicas. En una está la cocina, toda chorreada de grasa vieja, una costra dura. Con todo el polvo, y la basura que vuela, que se le fue pegando. Son como estalactitas de mugre que se han formado. Estalactitas y estalagmitas. Y no hay muebles, una silla rota que encontré en la calle. Y en el suelo las hojas de diario que se volaron de no sé dónde. Y un colchón tirado ahí mismo, una sábana sola, que era blanca pero que se volvió marrón. Y cucarachas en abundancia.

—¿Y frazada? ¿no tiene frazada?

—No, yo nunca siento frío. A veces tengo que apagar la calefacción. Y no uso almohada, es más sano así. De la calle se puede ver, o de la ventana de los vecinos, la mugre que hay.

—No es cierto. Todas excusas para no invitarme. Usted está siempre impecablemente limpio. Y más aún ¿si no quiere mostrar la casa, por qué entonces deja que lo vean por la ventana?

—No tengo cortinas.

—¡No se ponga a hojear esa revista! Preste atención adonde va.

—Yo sé adonde vamos ¡de vuelta! Ya se cumplió mi horario.

—¿Usted aquí, a esta hora?

—Ante todo buenas noches, señor Ramírez.

—¿Viene a cuidar a algún otro, a esta hora?

—No.

—¿Entonces?

—Espero que no le moleste que haya entrado sin pedir permiso.

—¿Los guardianes nocturnos lo dejaron pasar?

—No me vieron.

—¿Y la puerta mía? Yo siempre la cierro por dentro.

—Tal vez entré por la ventana. Usted nunca lo sabrá.

—¿Estoy imaginando su visita, tal vez?

—Tal vez sí.

—No, prefiero que su visita sea real.

—Como le plazca.

—Creo entonces que sí, que usted está aquí. No lo estoy imaginando.

—No es demasiado tarde ¿verdad? Yo sé que los residentes cenan a las siete, pero usted nunca me dijo a qué hora se acuesta.

—No me gusta su tono, Larry. Demasiado obsecuente, dulzón.

—Perdone.

—Me está pidiendo perdón porque ese tono era falso ¿verdad?

—Así es, perdón.

—Como usted ya sabe, todavía no capto bien a qué corresponden ciertos tonos. El del arrepentimiento sincero... no sabría reconocerlo.

23

—Tal vez reconozca esto...

—Larry, ¡no se ponga de rodillas!... los demás nos pueden estar viendo... es gente senil pero malintencionada.

—La puerta está cerrada.

—Dirán que usted es servil, no comprenderán la situación. Yo... yo aprecio al que se arrepiente.

—Gracias. Es usted muy generoso.

—¿A qué vino? Es casi medianoche. Supongo que hay una razón, para presentarse como un fantasma, como una alucinación.

—...

—No baje la frente.

—Soy una alucinación y nada más ¿qué importa si bajo la frente?

—No, su visita es real. Si no lo fuera, significaría que...

—¡Nada! Cometí un error de cálculo, y me quedé sin dinero para cenar, señor Ramírez.

—Ah...

—Tengo bastante hambre, pensé que podía irme a dormir sin cenar... pero ya la languidez de estómago se me está haciendo sentir demasiado.

—¿Es un dolor? ¿dónde lo siente?

—Aquí en el estómago, justo debajo del esternón.

—¿Llega a ser una puntada? ¿o es apenas un malestar?

—No llega a ser una puntada, todavía no.

—Ve que yo no lo miro con sorna, o con satisfacción.

—No entiendo...

—Sí, Larry. Usted me miraba con sorna, se divertía, cuando yo le hablaba de mis dolores, de esa espantosa opresión, y esas puntadas terribles, en el pecho. Yo no me río de usted.

—Tal vez, señor Ramírez... sea cierto que todavía no

lee correctamente las expresiones de la gente. Yo tal vez... quería darle ánimo con una sonrisa.

—Sonreír es falso, vacío... una mierda, según sus palabras.

—Señor Ramírez ¿cómo es la comida del Hogar?

—No tiene sabor, pero es sana, y muy abundante.

—¿Usted se satisface?

—Sí, dejo mucho en el plato, por lo menos la mitad.

—¿Dónde comen?

—En una sala grande, o si yo quisiera podría comer en mi habitación, si me conformase con comer un poco más temprano.

—Señor Ramírez... ¿qué es lo que llevan al parque ciertas gentes que vimos juntos, o que vio usted solo, no sé, y después me contó?

—Vimos juntos que ciertas gentes llevan unos recipientes de plástico donde guardan la comida que les sobra, y se la llevan a un gato, o a un perro, o tal vez se trate solamente de pan mojado en leche, que le llevan a las palomas, Larry.

—Ah...

—...

—Yo gasto mucho dinero en comida, señor Ramírez.

—Quema mucha energía con tanto correr, y debe reponerla.

—Eso debe ser...

—A mí no me gusta cenar tan temprano, pero tampoco me gusta juntarme en la sala con todos. De modo que... vaya un sacrificio por otro, si como en mi cuarto más temprano me salvo de verles la cara a los demás. Y así nadie se enterará de que pondré más de la mitad de mi comida en recipientes de plástico.

—Para mi gato.

—Sí, para su gato... ya comprendí.

—Gracias...

—Cuando los ojos se llenan de lágrimas, dice la Enciclopedia, a veces es de alegría, no siempre de dolor. Parece ser que ciertas emociones muy profundas, aunque positivas, placenteras, hacen llorar.

—Así es, señor Ramírez, por eso me ve así.

—No baje la frente, no me gusta ese gesto.

—Bueno, ya me voy...

—Si no fuera porque tiene tanta hambre le diría que se quede un rato a conversar.

—Puedo aguantar, le aseguro.

—No, no está bien forzarlo a quedarse, porque me deba un favor.

—Al contrario, hay muchos temas de que quiero hablar con usted, una persona superior, señor Ramírez.

—Nada me halagaría más.

—Usted estuvo leyendo artículos sobre la intervención de este país en Vietnam, y se preguntará cómo los que éramos jóvenes en ese momento pudimos ir a arrojar el napalm sobre gente inocente.

—¿Usted peleó en Vietnam?

—Sí, participé de todas las atrocidades que se pueda imaginar. Quiero contarle todo, pero antes usted me tiene que contar de lo suyo, el sabio tiene que hablar primero, para marcar el rumbo al ignorante.

—¿Yo... contar?

—Sí, todo.

—Pero Larry, ¿no se acuerda que yo... tengo mucho... olvidado?

—Posiblemente sea una táctica suya, para defenderse de posibles espías.

—Lo siento Larry, pero de pronto me siento muy cansado. Me voy a retirar a dormir.

—Tal vez otro día entonces... Necesito su ayuda, su iluminación...

—Otra vez esa mirada de sorna, de burla...

—Usted no sabe leer las expresiones humanas, todavía.

—...

—¿Se queda callado, señor Ramírez?

—...

—Me voy entonces.

—...

—Pero si es tan gentil... necesito esos dólares, para cenar.

—...

—Usted me los prometió.

—Saque lo que necesite.

—¿Me da su billetera?

—Perdone Larry... tengo el pulso tan débil... no la dejé caer a propósito.

—Yo la recojo, no me importa inclinarme.

—Ya lo veo.

—¿Cuántos saco?

—Los que necesite.

—Cinco... con cinco me alcanzan, muy bien. ...Gracias.

—De nada.

—Buenas noches, señor Ramírez.

—Y ahora llueve. Para qué le habré hecho caso...

—Puede parar pronto, Larry.

—...

—¿Le molesta si lo llamo Larry? ¿o debería ser señor Larry?

—Mejor Larry solo. Por lo pronto ya nos agarró la lluvia. Antes de cruzar la Sexta Avenida se lo dije, que iba a llover. Pero usted siguió insistiendo en venir.

—Una de las enfermeras me dijo varias veces que tenía que ver Soho.

—La enfermera de Virgo, seguro.

—Sí, muy perspicaz su observación, Larry.

—El horóscopo aconsejaría paseos bajo la lluvia, estoy seguro.

—Pero ahora que estoy en Soho no puedo ver nada.

—Hay unos cuantos charcos.

—No le mencioné la cuestión del aumento, todavía.

—Cierto ¿qué hubo de eso?

—Bueno, me va a tener que disculpar. La verdad es que el teléfono del Hogar está siempre ocupado.

—Si es por eso entramos en un bar y llamamos desde ahí.

—Pero al final di con esa secretaria tan amable, de quien le hablé.

—¿Y que resolvió?

—Ella no podía decidir, tiene que hablar con el director de la Fundación.

—¿Por un aumento de dos dólares tiene que reunirse el Directorio?

—Eso es lo que dijo ¿yo qué le voy a hacer?

—No importa, me ajusto el cinturón y basta.

—Ah, a todo esto, me olvidé de mostrarle algo que le traje.

—¿Qué es?

—Comida del Hogar, bien guardada en estos recipientes de plástico, muy higiénicos.

—¿Se la quiere echar a las palomas?

—No, es para usted.

—¿Para mí?

—No ponga esa cara... Larry, no se ofenda.

—Da asco, es un revoltijo ¿no?

—Es... para su gato, pensé que le resultaría un ahorro, de tiempo... más que de dinero.

—No, gracias. Al gato le doy leche y una cosa especial que viene en lata. Me dura hasta dos semanas, no es problema.

—Ah, no sabía...

—Esta comida parece de lo peor. Los van a matar a ustedes, ahí. Se come muy mal en Nueva York, yo por eso tengo mucho cuidado. Alimentos integrales, siempre que puedo. Y verduras, pescado, ninguna grasa, ni pasta. Ni excitantes, nada de cafe ni té, y lo peor de todo es el azúcar.

—Déjelo ahí Larry, o lo tiramos al cesto que hay en la esquina, cuando pare de llover.

—¡No me mire así! Las galerías de arte no abren de mañana, yo se lo dije.

—No quiero ver cuadros, no quiero encerrarme.

—Sí, pero bajo la lluvia no lo puedo estar paseando.

—Si por lo menos pudiésemos estar en una parte donde no se vean estas escaleras de incendio.

—¿Qué tienen de malo?

—Pregunta inútil. No he leído nada sobre escaleras de incendio últimamente, así que no puedo decirle nada al respecto. Lo único que sé es que no voy a estar acá quieto mirándolas un segundo más.

—¿Dónde mierda vamos a ir?

—Por favor sáqueme de acá.

—Llueve a cántaros. Dé gracias que encontré este toldo.

—Apenas si viene unas horas tres veces por semana, y nos tenemos que quedar quietos así.

—...

—Tenía una lista de preguntas que hacerle, pero me olvidé el papel en el Hogar. He estado leyendo mucho y me surgieron dudas.

—¿Qué leyó?

—La Enciclopedia. Y libros de Historia. ¿Se acuerda que hace unos días no sabía casi quien era Washington? Ahora sé todo. Y parece que me acuerdo de todo lo que leo. Aunque por cuanto tiempo no sé.

—¿Encontró algo interesante?

—La Argentina, mi país, está compuesta principalmente por inmigrantes españoles e italianos.

—Eso me interesa.

—...

—Cuénteme algo. Yo tengo un abuelo italiano, el paterno, Giovanangelo se llamaba.

—Su apellido es John, como el nombre de pila.

—Sí, cuando mi abuelo entró se lo mutilaron en Inmigración.

—Después que usted me dijo que había estado en Vietnam, me puse a leer todo lo que encontré al respecto.

—Yo no estuve.

—¿Cómo que no? Por edad le tocaba.

—Me negué a ir.

—¿Se negó y basta? ¿qué es eso?

—Cuando me preguntaron por qué me negaba, les

conté la historia completa del colonialismo imperialista en Indochina.

—¿Y lo escucharon?

—Al terminar mi tirada ya no querían saber nada conmigo, y me empezaron a dar citas para más adelante. Otros como yo fueron más valientes, porque se dejaron alistar y una vez adentro propagaron sus ideas, como pudieron, trataron de imponerlas.

—¿Sabotaje... dentro del servicio?

—Sí.

—¿Cuántas veces tuvo que repetir la tirada?

—Con una vez les bastó. Después de oírme lo que querían era asegurarse de que no iba a entrar al Ejército, y les vino el gran alivio cuando encontraron una excusa para eliminarme: me faltaban nueve meses para cumplir veintiséis años. Esa era la edad tope para los reclutas.

—Yo creí que sí había ido a Vietnam.

—...

—¿Por qué me mintió entonces?

—Jamás salió el tema con usted. Y no sea irritante, que hoy tengo los nervios de punta.

—¿Por qué razón?

—...

—¡Larry! No lo mire, por favor.

—¿A quién?

—Al que camina hacia la esquina.

—¿De dónde lo conoce?

—Por favor, no deje que se acerque. Yo no lo miro, éntreme a la tiendita.

—Ya se fue. Dobló a la izquierda, por Prince Street.

—Larry, sé que no se le paga para escuchar mis quejas, pero le aseguro que algo muy malo puede pasar, y no sé cómo evitarlo.

—¿Malo en qué sentido?

—¡No se vaya! ¡no mire! ¡vuélvase acá! por favor...

—...

—¡Larry!

—Nada, quería echarle otro vistazo. Era un tipo vulgar y silvestre. Entró en una casa de departamentos. Un edificio pobre. ...Es posible que se parezca a alguien que usted conoció en su país. Alguien que le hizo daño. Pero ya se fue, y mojado hasta el fundillo.

—Larry, por favor no vaya a decirlo a nadie. Es un secreto.

—Mejor no me lo diga, entonces.

—Es que no quiero que piense que me estoy imaginando cosas. Por desgracia el tiempo me va a dar la razón.

—Yo le creo, señor Ramírez.

—No me cree nada. Pero ya lo va a ver, y bien pronto. A ese hombre lo están siguiendo y no se va a poder escapar, lo tienen al alcance de la mano casi.

—¿Quiénes lo siguen?

—Conviene no estar cerca. Porque no lo podemos ayudar. Ése es el problema.

—...

—Si por lo menos pudiese soportar estas puntadas, no se imagina lo que duelen.

—¿Le ha vuelto el dolor?

—¿No se había dado cuenta?

—No, para nada.

—De acuerdo, tampoco para eso se le está pagando. Pero es como si alguien me arrancase parte del pecho.

—No sabía que era tan fuerte.

—Así y todo no se dio cuenta.

—¿Pero cómo diablos me voy a dar cuenta si no me dice nada?

—No quiero aprovecharme de usted. Después de todo es joven, qué puede saber de estas cosas.

—En primer lugar, no soy tan joven, señor Ramírez. Tengo treinta y seis años. Y en segundo lugar, también soy un ser humano.

—¿Treinta y seis años?

—Sí ¿no se me nota? Hay quien dice que parezco mayor todavía.

—Entonces se tiene que ir ya. Al dueño de la tienda le pido que telefonee al Hogar, me mandarán a buscar.

—Pamplinas, lo llevo yo de vuelta. Tener 36 años no significa que un gángster me va a balear. El peligro está en que se me caiga el pelo.

—No bromee, es muy serio lo que le digo.

—¿Quién bromea? Es una edad crucial en la vida de un hombre. Hay tipos que se hacen trasplantes, se ponen pelucas, se peinan para adelante, se tiñen el pelo, se dejan crecer la barba, cualquier cosa. En este país el pelo es titánico como problema.

—Por favor, déjeme solo.

—Señor Ramírez, ahora es usted el que se deja de bromas. ¿A qué me viene con tanta pavada? No puede ser que hable en serio ¿quién va a estar interesado en hacerme mal a mí? Además tiene todo el día para mortificarse con esos pensamientos. Por dos horas podría ahorrarme la molestia. Especialmente hoy.

—Discúlpeme, explicarlo me es muy difícil. No puedo darle razones, no las sé. Pero estoy convencido de lo que digo. Cada vez que me ha venido esa certidumbre, el tiempo me ha dado la razón.

—Empiece por pensar que no está en su país, donde había bastante alboroto ¿no? Está en Nueva York. Acá no hay mucha garantía ¿pero quién se va a interesar por usted, o por mí?

—¿De veras?

—¡Sí! ¡de veras! ya me saturó con tanta paranoia.

—Larry... perdóneme, no fue cierto lo que le dije de

ese que pasó. Fue todo fingido. Quise ver cómo reaccionaba, si me decía a todo que sí como a los locos.

—¿Y por qué hizo eso, no me tiene confianza?

—No, no puedo tenerle confianza, lo conozco muy poco.

—Con usted, mi único interés está en cumplir el horario con el menor desgaste nervioso posible.

—...

—...

—Supongo que esta mañana no pudo correr como de costumbre.

—A la mañana no llovía.

—¿Se entrena todas las mañanas?

—Sí, todas.

—¿Corre y basta?

—Hago gimnasia, salto a la cuerda, nado. Y a veces ando en bicicleta, lo que sea. Para descargar esta tensión terrible que tengo.

—¿Tensión terrible?

—Sí, hacer algo, para lograr algún tipo de satisfacción.

—Le tiemblan las manos, Larry.

—Hay días que estoy muy nervioso, eso es todo.

—¿Usted se droga?

—Ni con café. Detesto los excitantes.

—¿Qué le sucede?

—Nada. Déjeme temblar en paz.

—...

—La vida está llena de cosas, y hay quien no puede estirar la mano para alcanzarlas.

—¿Por qué no? ¿se refiere a mi caso?

—...

—¿A qué hora se levanta?

—Temprano, por disciplina. Hago flexiones ni bien me levanto. Conviene entrar en calor corriendo algunas cuadras, después parar y dejar que el corazón lata a gusto, hasta calmarse. Después corro unas cuantas millas, hasta la punta sur de Manhattan, la plaza Battery. Y respiro a todo pulmón el aire de mar. Después de correr me desayuno, y todo me parece un manjar. Si pudiera pasarme el día corriendo, me daría por feliz.

—¿Le gustan las mañanas, o le tardan mucho en pasar?

—Lo mejor es antes de que el tráfico y el ruido empiecen, cuando uno no se ha despertado del todo.

—Eso es antes de que la mañana real empiece ¿pero y después?

—Hay que planear el día, aunque uno esté sin trabajo. No es fácil, hay un vacío o una nada, ahí delante, y uno tiene que llenarla... con tareas menores, cualquier actividad que sea. Alguna compra, el lavadero, almorzar, dar una vuelta, leer los anuncios de trabajo, cenar, ver televisión, pero...

—¿Pero qué?

—Uno duerme en cantidad, cada vez más... El día se vuelve más corto, y cualquier tarea se vuelve pesadísima, cada vez uno hace menos.

—Larry, está dejando de llover. Puede llevarme de vuelta.

—Vamos entonces.

—Por ahí no ¡por favor!

—¿Por qué no?

—Es un camino más largo, y estoy sintiendo frío.

—No, es un atajo. Vamos a llegar más pronto.

—Aunque sea más largo, el otro camino es mejor. Hay menos charcos.

—Tonterías, no lo voy a meter en ningún charco.

—Se lo ruego, no podemos correr el menor riesgo.

—¿Qué riesgo?

—Por usted no me importa, ya que es tan tozudo,

pero yo no, no quiero correr riesgo ninguno, por favor
¡pare! por aquí no...

—¡Déjese de aletear con esos brazos! Yo sé lo que
hago.

—Usted corra todos los riesgos que quiera, pero a mí
no me exponga ¿me oye? ¡no vaya a doblar a la izquierda!

—Está blanco como un papel ¿qué le pasa?

—¡Qué idiota es! Pare, le digo ¡pare! Vuelva atrás
¡¿me entiende?!

—¿Que le pasa? está traspirando...

—¿Por qué puerta entró?

—¿Quién?

—Aquel hombre. El que pasó hace un rato.

—Creí que había sido un truco suyo, para ponerme a
prueba.

—¿Pasamos ya la puerta?

—Sí, era ahí donde esos chicos están jugando.

—No vi ningún chico.

—Dése vuelta y los verá.

—Usted trata de confundirme.

—No tenga miedo, estamos perfectamente a salvo.

—Ahora por favor vaya más ligero, retroceder sería
peor.

—Le va a hacer mal, sudar en este frío.

—Por favor acelere. Y no quiero que nunca más vuelva. No quiero ser responsable de lo que pueda pasarle.

—¿De qué está hablando? ¿me está despidiendo?

—Es mejor así, créamelo.

—¿Qué? ¿no se da cuenta que así me parte en dos?
Necesito este trabajo.

—No se preocupe, insistiré en que le paguen la semana completa.

—Da gusto salir con este tiempo.

—Con dos días de lluvia bastó. No sé que hubiese sido de mí si hoy no hacía buen tiempo.

—Ya lo creo que es bueno.

—Larry, hoy tiene otra cara ¿es por el tiempo?

—No, estoy contento por el aumento.

—La verdad es que la secretaria todavía no me llamó.

—¿Entonces de dónde salió el dinero?

—Se me permite un cierto gasto mensual en libros, pero decidí que más importante era esto, para mi salud.

—Muy amable de su parte, señor Ramírez, se lo agradezco.

—Tengo todavía libros por ver, ahí mismo en el Hogar.

—Oiga, podemos ir a la Biblioteca, y sacar los libros que quiera.

—Pero no soy ciudadano, no estoy autorizado.

—Yo tengo carnet. Puede usar el mío. Aunque no creo que sea necesario, no tiene más que entrar, o mejor dicho yo lo subo, les da su dirección y ellos le mandan el carnet.

—Extraordinario.

—¿Quiere ir ahora?

—No, me encanta estar sentado al aire libre.

—A mí también, está bien sentarse un poco.

—Qué sol tan fuerte para Diciembre, acá es invierno.

—Me extraña verlo tan sedentario.

—Estoy gozando del sol.

—El segundo día que salimos había sol y usted no

quiso parar ni un segundo.

—No está mal que también usted descanse un poco.

—¿Entra sol al jardín del Hogar?

—Sí, cómo no...

—Muy bien...

—Larry, ya que estamos sentados tan cómodamente ¿no le vendría bien discutir algunas cuestiones conmigo?

—Cómo no ¿de qué quiere hablar?

—Bueno, se me acaba de ocurrir que le doblo la edad. Así que fácilmente podría ser mi hijo.

—Cierto.

—Entonces ¿cómo podría decirle? Bueno, me gustaría saber de qué hablan padre e hijo. No sé, pero es posible que haya tenido un hijo, yo. Pero ya le dije el inconveniente que hubo con mis notas.

—¿Entonces?

—Nada, que me parece que si usted me hablase como un hijo yo sabría lo que preguntarle como padre.

—Pero los padres saben las respuestas, son los hijos quienes preguntan.

—Los padres saben las respuestas...

—Bueno, por lo menos siempre las dan. Y órdenes.

—Entonces ya no le podría hablar como un padre.

—Me temo que no.

—¿Qué podríamos hacer, entonces? Yo quiero saber de lo que hablan, cuando están solos.

—Ahora me doy cuenta de por qué se quería sentar. Era una trampa.

—Quiero saber un poco de esa cuestión, nada más.

—Podría verse algunas películas. Mirar un poco de televisión.

—No, son cosas inventadas, no me inspiran confianza.

—Podrían resultarle curiosas.

—Escuche ¿por qué no hacemos una cosa? Usted podría hablar como si fuese un padre, así yo aprendo. Yo escucharía como si fuera el hijo.

—No saldría bien.

—Repítame lo que su papá le dice.

—Hace cinco años que no lo veo.

—¿Vive lejos?

—...

—Pero me puede repetir lo que le decía hace años. Eso le sería fácil a usted, que se acuerda de todo.

—Es que él hablaba poco. Lo veíamos poco.

—¿A qué horas lo veía?

—A la noche. A veces a la noche, y el fin de semana unas horas más.

—¿Estaba solo con él esas horas?

—No, dos veces únicamente me acuerdo de haber estado solo con él.

—¿Si no quién más estaba?

—Mi mamá, mi hermano y mi hermana.

—¿Viven todos lejos de aquí?

—...

—¿Hace mucho que no los ve?

—...

—¿Y esas dos veces que estuvieron solos, no me podría decir lo que le dijo él?

—No me acuerdo bien de lo que me dijo, o de lo que habló.

—¿Le dio alguna orden?

—No, me acuerdo nomás de estar con él, y muy a gusto.

—Repítame cualquier cosa, de lo que él le dijo.

—Bueno, una vez estábamos remontando un barrilete, en un campito cerca de la carretera. Era un domingo a la mañana, temprano, y estábamos solos. Mamá no estaba. Él me iba a enseñar como remontarlo.

41

—¿Y no le enseñó?

—Sí, creo que sí. Pero eso no tenía importancia. Lo importante era estar con él.

—Papá, tengo que aprender a remontar el barrilete.

—Oiga, yo no soy su padre.

—Ayúdeme, siga. Quiero oír las palabras.

—Ya le dije que no las recuerdo.

—Trate, por favor.

—Es imposible.

—Es que usted no me las quiere decir.

—No las recuerdo.

—¿Y la otra vez que estuvo con él?

—La otra vez estábamos jugando al béisbol frente a casa. Era la primera vez que jugaba a la pelota con él. La primera y única vez. Me acuerdo de lo mal que tiraba él la pelota, de lo torpe que era. Y de que mamá tenía mejor brazo, para el béisbol.

—Ella estaba presente, no estaba usted solo con su papá.

—No, ella no estaba. Pero me acuerdo de haber hecho la comparación. Papá no quiso jugar mucho rato, y yo le seguí rogando que se quedara, que jugara un poco más. Pero no me hizo caso, no le importó.

—¿Le siguió rogando?

—Varias veces se lo pedí.

—¿Con qué palabras?

—No me acuerdo.

—No me las quiere decir, eso es lo que pasa. Aunque el dolor me mate, este dolor tan terrible que siento, usted no me las diría.

—¿Qué dolor?

—Sabe muy bien que me dan esos dolores bárbaros en el pecho.

—¿Y yo qué? No me divierte para nada acordarme y hablar de toda esa basura.

—No es basura. Dijo que estuvo muy a gusto ese día con su padre.

—Cierto.

—¿Qué es lo que le gustó tanto?

—Pasar un rato con él. Con mamá yo estaba siempre.

—¿Cuál era la diferencia?

—Yo era muy apegado a mi madre, pero tenía necesidad de estar un poco con él.

—¿Haciendo qué?

—¿Por qué no se mete en sus cosas, me hace el favor?

—Yo no me quiero meter en su vida, lo que quiero saber es qué le dice un padre a su hijo. Podría tratar de acordarse del padre de algún amigo suyo. Alguien que le caía bien. O que no, da lo mismo.

—A veces se ponía intratable y brutal. Se quedaba callado y no se quejaba de nada. Y de repente explotaba, y nos pegaba a nosotros los chicos. No me acuerdo de lo que decía exactamente, en esos momentos. Eran más como gruñidos.

—¿Por qué ustedes los chicos lo hacían explotar?

—Jugábamos, molestábamos, hacíamos algún destrozo.

—¿Llegaba a pegarles fuerte?

—Muy fuerte. Me acuerdo de haberlo oído una vez serruchar un tablón en el sótano. Estaba preparándose un palo bien manuable para pegarme, él era buen carpintero. Yo estaba arriba desafiante, esperándolo que viniera y me agarrase. Lo estaba esperando, leyendo una revista.

—¿Subió?

—Sí, vino y con ganas me empezó a dar la paliza. Dolía muchísimo, y yo chillaba como loco. Pareció estar pegándome horas, con ese tablón, pero yo estaba seguro de sobrevivir y de que por fuerte que él fuese y por fuerte que pegase, el tablón no me podía hacer nada, realmente. No me podía... deshacer.

—Ése era alguien a quien usted no quería, el padre de un amigo suyo.

—No, mi propio padre.

—Primero me habló de alguien, con el que estaba a gusto, el que le iba a enseñar como se remontaba el barrilete. Y ahora me habla de otro, malo, y me trata de confundir, diciendo que son la misma persona.

—Oiga, le agradecería cambiar de tema.

—A esta altura de las cosas no, es imposible que alguien le dé una terrible paliza y todavía usted siga buscándolo como compañía.

—Usted piense lo que quiera.

—...

—Él tenía una parte buena, mansa, y otra muy violenta, ciega. Tal vez porque ante mi madre agachaba la cabeza a cada rato.

—Espere un momento. No estoy seguro de que mi interpretación sea acertada. En general tengo la impresión de que querer es cuando no se desea romper algo. Y lo otro es cuando sí se desea romperlo. ¿Estoy en lo correcto?

—Sí, pero la cosa se vuelve más complicada.

—Si no le es molesto ¿me podría decir lo que le habría hecho a su papá, en esos momentos en que lo quería bien?

—La verdad es que sí, me molesta. Y ya que estamos ¿qué pasó con su dolor de pecho?

—Se me fue. ¿Le agradaría que me volviese?

—...

—Tal vez no le molestaría decirme otra cosa, lo que quería hacerle en los momentos en que lo odiaba.

—Destruirlo.

—¿Con sus propias manos? ¿con un arma? ¿con un

tablón? ¿o más fácil todo si un rayo lo fulminaba?

—No estoy seguro.

—Papá, el pecho a veces me duele mucho.

—Vaya a joder a otro con eso, yo no soy su padre.

—Yo no lo estaba mirando a usted, miraba ese árbol viejo tan hermoso. ¿Por qué iba a llamarlo padre a usted?

—...

—Papá, perdí mis anotaciones y las necesito. Sé que nunca las voy a recuperar, pero las echo de menos, y mucho.

—Genial ¿a semejante distancia y puede oír lo que el árbol contesta?

—No contesta nada, desgraciadamente.

—¿Qué le parece si pegamos la vuelta?

—Podría haber elegido una biblioteca con menos escalones, Larry.

—Todas tienen escalones.

—Más que ésta imposible, eso seguro.

—Déjese de berrear.

—Me subió muy suave, se lo tengo en cuenta. Pero le costó mucho esfuerzo.

—Ahora se anota, a ver si le dan el carnet.

—No me gusta la facha que tiene esta gente.

—Todos los bibliotecarios son así.

—Están muy ocupados, no nos van a atender.

—No se haga tanto problema.

—Deje de empujar, quedémonos acá.

—Nada de eso, tiene que anotarse. No lo van a comer.

—¿Qué son esas revistas?

—Revistas de todo el mundo. ¿Quiere mirarlas?

—No. Muéstreme libros.

—Por donde mire está lleno de libros.

—No, únicamente los que me mostraría con gusto.

—Podríamos revisar la sección de Astrología.

—¿Por qué?

—Le podría interesar.

—No creo. Además, eso a usted no le gusta, Larry.

—Estamos para satisfacer su curiosidad, no la mía.

—Tal vez haya algo que nos interese a los dos, así la próxima vez viene con ganas. No me gusta que se queje.

—¿Quién se queja?

—Busquemos los libros que le gustaría mostrarme.

—Muy bien, de acuerdo. Por ahí hay una sección chica sobre Marxismo.

—...

—En el segundo corredor. No es mucho pero algo hay. El primer tomo del "Capital", todas las bibliotecas tienen el primer tomo.

—¿Y eso por qué?

—Es como una pequeña concesión que le hacen al tema. No creen que nadie lea o estudie los tres volúmenes. Así que le dejan caer por ahí el primero. Como la Biblia en un motel.

—El apellido aparecía tan seguido que lo busqué en la Enciclopedia. Hasta recuerdo la cara, gordita con una gran barba gris.

—Ése es.

—¿Por qué uno de sus libros favoritos?

—Bueno, no es un libro favorito, como "Cumbres borrascosas" podría ser para algunos.

—¿Para usted también?

—No, la verdad es que nunca lo leí.

—Yo sí, está en el Hogar. Lo leí en dos días. Este último fin de semana. ¿Por qué nunca lo leyó?

—No sé.

—Al leerlo me imaginaba que era la enfermera, la enfermera de Virgo, quien me lo leía. Como si me lo estuviese leyendo en voz alta. ...Bueno, en realidad, me lo empezó a leer en voz alta. Yo se lo pedí, una página sola. Porque autor es una mujer ¿usted lo sabía?

—Un día me la va a presentar, a esa enfermera.

—No va a gustar de usted.

—¿Por qué no?

—Francamente, no podría darle una razón. Tal vez me equivoque. Pero no se parecen en nada.

—Me alegro de que haya encontrado alguien a su gusto, señor Ramírez.

—Pero sin resultados. Está muy ocupada todo el tiempo, no puede ocuparse de mí. Y además...

—¿Además qué?

—Nada.

—Me estaba por decir algo.

—Cuando se va a su casa está más ocupada todavía. No como usted y como yo. Tiene hija y marido que atender. Pero antes le pregunté a usted si sabía que "Cumbres borrascosas" estaba escrito por una mujer.

—Sí, no hay quien no lo sepa.

—El día que usted lo lea ¿qué voz va a imaginar que se lo está leyendo?

—Nunca pensé en eso. Me encanta leer, me encantan las palabras y las frases, nada mejor que unas horas libres para pasar con un libro. Me da un gran placer, pero nunca se me ocurrió que podía tener que ver con alguien leyéndome o hablándome.

—Cuando leo un libro escrito por un hombre, no oigo más que mi voz.

—Quien haya escrito el libro a mí me da lo mismo. A usted tal vez tendríamos que encontrarle más novelas escritas por mujeres. Las echa de menos.

—Ella no va a tener tiempo, ya le dije. Una página, al máximo. Ahora una cosa, Larry, dígame, cuando lee el libro de un hombre que admira mucho, como en el caso de Marx, pongamos, ¿la voz de quién se la va leyendo?

—Mi propia voz, creo.

—Pero no está seguro.

—No, no estoy seguro, señor Ramírez.

—Y cuando se habla a sí mismo ¿es su voz la que oye?

—Hmmm, me parece que no.

—Por favor ¿cuál es la voz que oye?

—No sé.

—Por favor, concéntrese, se lo ruego.

—Cuando uno conversa consigo mismo, hay siempre una parte que ve y juzga lo que la otra parte está haciendo. Como cuando se está tratando de tomar una decisión.

—Entonces oye dos voces. Una es la suya ¿pero y la otra? ¿de quién es?

—Algunas veces, una de las partes se vuelve maligna.

—...

—¿Está estudiando el piso, señor Ramírez? ¿Qué tiene de interesante?

—¿Eh...?

—¿Por qué mira para abajo?

—Yo oigo una sola voz. Aunque haya dos partes mías hablándose entre sí. Pero no es mi voz. ...Es una voz joven. Una voz que suena bien, fuerte, segura, y hasta de timbre agradable. Como la voz de un actor. Pero después si tengo que llamar a una enfermera, o a cualquiera, oigo mi verdadera voz. Cascada, carraspeante, y no me gusta.

—A cierta edad es natural.

—Si por lo menos no oyese más esa voz joven... tal vez podría acostumbrarme a la mía.

—Oiga, dijo que quería saber cuáles libros me gustaban. Aparte del "Capital" aquí está "Estado y Revolución", uno de mis favoritos. De veras es algo notable.

—¿De quién?

—Lenin.

—Me gusta su cara. Hay una foto grande de él en la caja de cristal; ahí expuesto en el Kremlin. Lo vi en la Enciclopedia. Me recordó a alguien, pero por supuesto no sé a quién.

—Es un libro muy legible.

—Tal vez me hagan falta mis notas, para entenderlo bien.

—Si puede entender horóscopos entenderá esto.

—¿Quién le dijo que leo horóscopos? Eso es muy peculiar de su parte. Usted desprecia toda la cuestión y sin embargo quiere creer que a mí me gusta. Lo que significa que se siente mejor si soy un tonto. Usted quiere que yo sea tonto. Al mismo tiempo tiene que pasar horas conmigo, así que todo resulta muy raro de su parte, estimado joven ¿no cree? Prefiere pensar que está pasando horas con un tonto, degradándose. ¿Se siente mejor si se degrada?

—No sé. ...Tendría que pensarlo.

—...

—...

—"El Capital" y "Estado y Revolución". Me parece ver dónde van sus preferencias. ¿No tiene miedo de decirlo?

—No, en este país se puede hablar de cualquier cosa. Basta con que no actúe. Pero puede leer lo que quiera.

—Actuar, dijo usted. ¿Eso sí le daría miedo?

—No, creo que no. Y a veces me gustaría tener la oportunidad.

—¿Como ser?

—En cuestiones sindicales.

—¿Están prohibidas aquí? ¿le daría miedo?

—No, no están prohibidas, pero para un marxista implica métodos distintos de lucha, y objetivos distintos que lo van a hacer chocar de inmediato, con la burocracia sindical.

—Baje la voz...

—Además de luchar contra la empresa tiene que luchar contra los cabecillas del sindicato.

—Es muy complicado para mí. Mejor cambiemos de tema.

—¿De qué tiene miedo? Déjeme darle un ejemplo de lo que quiero decir. Hace algunos años trabajé para una dependencia del Estado. Un día las oficinas cerraron

51

por una nevada fuerte, tuvimos que volver a casa y no nos pagaron el día sino que lo dedujeron de las vacaciones. Nos enteramos al día siguiente, cuando el delegado sindical entró y lo anunció. Lo anunció y se fue a su oficina, no habló con nadie, no pidió ninguna opinión, ni explicó lo que el sindicato pensaba hacer, para defendernos. La gente se sintió desamparada, y ofendida. La rabia, sin encontrar una salida, se volvió sobre cada uno de nosotros. El tipo debió convocar un mitín, sugerir alguna estrategia, o pedir que se la sugirieran a él.

—¿Qué quiere decir con "la rabia se volvió sobre cada uno de nosotros"?

—Nos habían quitado algo, injustamente. Estábamos despechados, rabiosos, queríamos recuperar lo perdido. Cuando esos sentimientos no se canalizan, no se descargan en alguna acción, alguna acción positiva, el individuo se siente impotente y... entra en regresión.

—Usted habla como alguien que conocí pero no recuerdo quién.

—¿Le molesta lo que digo?

—¿Qué hizo esa misma noche?

—La solidaridad que se hubiese logrado en ese mitín, la concientización, habrían sido útiles para otras ocasiones. Pero no, el delegado viene, tres semanas después, y nos informa de los pasos que el sindicato va a dar para reparar el daño. A esta altura la gente estaba desmoralizada, se sentía ajena, no esperaba ganar, ni conseguir nada.

—...

—El planteo acá es totalmente burocrático. Las distintas jerarquías no se mezclan. Seis meses después el sindicato ganó el caso, y restituyeron el día de vacaciones, pero si un día surge un problema grave, y el sindicato necesita organizar a sus miembros para pelear, va a tener que superar apatía, cinismos, todo el resultado de su mala política del pasado. Ésa es la diferencia entre mantener una administración y construir un movimiento social.

—Usted que se acuerda de todo, sabrá lo que sintió esa vez que perdió su día de sueldo. ¿Durmió esa noche?

—Claro que dormí. Pero en el trabajo me sentí muy frustrado, y deprimido, y confuso.

—Por favor emplee palabras que me signifiquen más. Conozco las palabras, pero no lo que estaba pasando dentro suyo.

—...

—¡Diga algo! ¡no se haga rogar así! Frustración, confusión, ¿dónde se siente eso?

—...

—¿Siente algún dolor en ese momento, en el cuerpo?

—Sí. En el estómago y el pecho. Y la garganta. Ahogo, señor Ramírez.

—¿Qué hace, para calmar el dolor?

—Fórmula no hay.

—Hábleme del dolor en el pecho ¿se lo produce qué?

—No sé si en el pecho, pero es como si todos los órganos se anudaran, o se cerraran como un puño.

—El dolor en el pecho, por favor ¿se lo produce qué?

—No sé. Estar con una mujer que me gusta, y que deseo...

—Sí...

—Ése es el principal.

—Pero Larry, si le gusta ¿por qué doloroso estar cerca de ella?

—En esos casos siempre pienso en mis defectos, en que a la persona no voy a caerle bien, porque mi nariz es demasiado grande, o se me está cayendo el pelo, o mi voz es desentonada, o porque no tengo gracia, o suficiente verba. Siempre me las arreglo para echar todo a perder.

—El dolor en el estómago ¿se lo produce qué?

—Podría ser la ansiedad.

—Un ejemplo, por favor.

—Le acabo de dar un ejemplo, el de la oficina. Cuando hay un ataque de esos por injusto que sea parece encontrar un eco en la gente, en mí. Cierta parte mía rechaza la acusación, y otra parte la acepta, por puro masoquismo, y esas dos fuerzas se trenzan, y se obstruyen el paso la una a la otra, hasta que quiero escupir toda esa basura, descargarme por la boca, vomitar. Y creo que esa sensación tiene su razón de ser. La parte que nos resulta dañina tiene que ver con antiguas identificaciones, que han sido internalizadas. Internalizar es como tragar algo, o comer algo, incorporar algo. Escupir o vomitar es el reverso de lo mismo.

—Está hablando como mis médicos. El mismo modo de decir las cosas. No muy personal, creo.

—Aprendí bastante de todo ese proceso, usted también podría.

—¿Qué proceso?

—Psicoanálisis.

—¿También a usted lo están tratando?

—No, hace varios años. Ahora no podría pagármelo. Son caros los reductores.

—¿Reductores?

—Sí, reductores de cabezas.

—¿Y eso?

—Como los salvajes que reducen las cabezas, los jíbaros. Así llaman en Estados Unidos a los analistas.

—¿Dónde va a vomitar? ¿dónde es que va y vomita?

54

—En el piso, en la calle. Sobre la mesa o la silla de alguien.

—¿La silla de quién?

—Sobre cualquier cosa que pertenezca a otro.

—¿Que pertenezca a quién?

—No importa, la propiedad del que sea. En el subterráneo, en la vereda, en lugares donde está prohibido escupir, lugares con reglas establecidas.

—Por favor, prométame que nunca va a vomitar encima mío, y de mi silla.

—Señor Ramírez, se lo prometo. Además, es encima de figuras poderosas que uno piensa vomitar. No encima de seres inofensivos como usted.

—Yo estoy enfermo, pero eso no significa que sea inofensivo.

—Usted depende de los demás. Es como si quisiera que lo llenase de pensamientos, de ideas, sensaciones. A veces me da la impresión de que me quiere sorber la vida, como una coca-cola.

—La Enciclopedia podría darme casi todas las respuestas que usted me da. ¡Pero una enciclopedia no podría empujarme la silla de ruedas!

—No me interesa discutir con usted. Pero no sabía que podía levantar tanto la voz. Nos pueden echar de acá.

—Así que una Enciclopedia ¿oyó? y quien sea, un chico que me empuje la silla, podrían reemplazarlo.

—...

—Es culpa suya si hablé demasiado fuerte.

—Parece que nadie se molestó, señor Ramírez.

—Alguien podría habernos escuchado, el tema era impropio.

—Si habla tan bajo, señor Ramírez, yo no lo voy a entender.

—No hable tan fuerte, por favor.

—Ahora me culpa a mí del barullo... De todos modos ¿a quién mierda le va a interesar lo que hablemos nosotros?

—¿Acaso no sabe que todos los líos en mi país tuvieron que ver con esa... locura? Y no creo realmente, que las autoridades de acá verían bien cualquier complicación de ese género. Qué irresponsable es usted ¿no se da cuenta que soy un extranjero, al que se supone muy agradecido, por la hospitalidad que está recibiendo?

—Ahí en esa silla de ruedas, vaya una amenaza al Estado. Pero la verdad es que un día me tiene que contar de sus ideas políticas.

—Nunca tuve que ver con política.

—¿Qué sabe? puede habérsele olvidado, junto con otras cosas.

—Algo por dentro me dice, me asegura, que nunca tuve que ver con esos asuntos. Les tengo un profundo desprecio.

—Para mí esos asuntos cuentan mucho. No estamos de acuerdo entonces.

—Me alegro.

—Pero usted vino aquí por medio de un Comité de Derechos Humanos, no me lo había dicho. De todos modos me enteré.

—No tengo en el mundo más que a un hermano, más viejo que yo, rico, en la Argentina. Él pagó mi viaje.

—¿Y este comité de recepción que se ocupa de usted?

—Mi hermano es influyente, me dicen, y les ha pedido que me ayuden en lo posible. Además paga bien.

—Todo suena muy raro.

—Larry ¿por qué me hace esas preguntas?

—...

—Salgamos de este pasillo. No quiero estar junto a sus libros favoritos.

—Gracias, la comida me cayó muy bien.

—Gracias a usted que pagó, señor Ramírez.

—Por unos dólares me aseguro una comida alimenticia. Si no era por usted no habría oído nunca de estas dietas raras.

—El menú de antes de ayer era un poco mejor ¿no le parece?

—No, el de hoy me gustó. Después veremos el de pasado mañana.

—¿Todos los días que venga me va a llevar a comer?

—Al presupuesto que tengo para ropa nunca lo voy a tocar ¿para qué si no necesito nada? Mejor comer sano.

—Yo no me quiero aprovechar...

—La primera nieve del año ¿tiene algún significado especial en este país?

—Ninguno.

—A mí me da ganas de comer algo dulce. Leí que en un lugar... bueno, no me acuerdo, aunque lo leí ayer... no sé, que el primer día de nieve en ese lugar la gente se pone a cocinar algo en especial, muy dulce.

—Aquí la gente se pone las manos en la cabeza.

—No sé qué daría por comer algo dulce, pero me hace mal. ...Larry, ¿verdad que es sórdido, este cuarto?

—Bueno, por lo menos está solo.

—Colgué algunos posters al principio, unos baratos que encontré, pero me cansé en seguida de verlos. Debe ser porque paso muchas horas, todo el día casi, en este cuarto diminuto. No me gusta ir a la sala de recreación, como la llaman: me encuentro con los demás, con el mundo en ruinas.

—Necesita un aparato de TV en el cuarto.

—Tenía uno y pedí que lo sacaran. Me basta con la artritis del cuerpo, que el espíritu se salve.

—Noté que Virgo viene a su cuarto bastante a menudo.

—Cuando estoy solo nunca viene, siempre tengo que llamarla.

—...

—Hay que ver cómo lo mira, a usted.

—La ley lo permite, señor Ramírez.

—Tenía razón con los sueños, Larry. No pudo haber tenido el mismo que yo tuve anoche.

—¿Por qué?

—Usted aparecía en el sueño.

—Siempre aparezco en los míos.

—Yo nunca. ¡Deje esa revista y présteme atención! ...Hace unos días encontré en la Enciclopedia una cara, que me gustó mucho. La de Edith Cavell, una enfermera inglesa, heroína de la primera guerra mundial. Fue capturada en Bélgica, y fusilada por los alemanes.

—Nunca la oí nombrar.

—Era joven, estaba cumpliendo con su deber en las trincheras.

—¿Tenía boca de trinchera?

—¿Qué quiere decir? no conozco la expresión.

—Es una infección que viene de besar. Granitos y salpullido. Cuando éramos chicos se decía "no beses a Carol, o a esa, o a la otra, porque te va a quedar boca de trinchera". Creo que ya no se dice más.

—Usted se ríe y habla así porque no vio la bellísima foto de Edith Cavell. Es simple ignorancia de su parte, y trataré de disculparlo. ...Le cuento el sueño. Yo veía que las tropas inglesas la habían dejado atrás, ella se había negado a abandonar a los heridos. Había uno muy grave. Ella tenía esperanzas de salvarlo. Lo malo es que estaba segura de que los alemanes no le iban a hacer nada. Pero este general alemán, un joven, usted, se le acercó y le propuso hacer el amor. Ella se negó y él ordenó que la ejecutaran al amanecer. Me sentí tan impotente, quería salvarla, decirle que se escapase a tiempo, pero no hubo modo de que me oyese.

—Vaya la idea que tiene de mí, y la que tiene de usted...

—Cuénteme el sueño suyo.

—Una vez soñé con un atún jorobado.

—Quiero que me cuente el sueño de anoche.

—Del de anoche no me acuerdo. O atún o nada.

—Lo escucho.

—Había un pescado verde en el suelo, tirado al lado mío. Era un pescado bastante gordo, y yo nunca había visto nada parecido. Estaba alguien más, una mujer, en ese cuarto ahí conmigo, y le pregunté qué era eso. Y me dijo "nada, un atún jorobado, nada más", y creo que me quedé satisfecho.

—¿Quién era la mujer?

—No sé. A la mañana, me puse a pensar qué diablos significaba el sueño. La noche antes había estado con una mujer, hicimos el amor y me acordé de haberle tocado la espalda y los hombros, que eran muy combados. También el color de la alfombra, era del mismo verde del pescado. Me di cuenta de que era Debbie. Algo me debe haber asqueado y confundido esa noche, y lo resolví con el sueño.

—Supongo que no fue fácil de descifrar.

—La verdad es que tuve toda una serie de sueños con pescados. Una vez soñé con una caballa de Nueva Escocia. Era un pescado grande, grueso, dividido en dos, y estaba por cortarme un buen pedazo para comérmelo. La carne era roja y cruda, y le levanté como una tajada para ver adentro. Tal como la otra vez, había una mujer conmigo, que dijo "eso es caballa de Nueva Escocia" y que se podía comer.

—Siga.

—Fue un sueño raro, y a la mañana me quedé pensando. Hace algunos años salí de vacaciones con una mujer con la que vivía, y fuimos a Nueva Escocia. Era una mujer grandota, muy vital, y aunque nunca había visto una caballa antes, por el nombre me imaginé un pez fuerte, muy carnoso. Era ella la caballa de Nueva Escocia, y en el sueño me dieron permiso para la relación sexual. Tuve que imaginarme a la mujer como un pez y al sexo como comer.

—¿Por qué?

—Existe una cosa que se llama represión.

—Estoy seguro de que quería más a la segunda.

—Sí, esa caballa me gustaba.

—¿Quién era? Quiero saber.

—No se meta en mis cosas, era una mujer con la que viví, nada más.

—Le cambió la cara cuando la nombró, parecía contento de recordarla.

—¿Qué cara puse?

—No sé, una expresión distinta, pero más que eso. Ahora que lo pienso, nunca lo vi cambiar tanto, y tan de golpe.

—¿Cambiar cómo?

—Ojalá pudiera explicarlo, usted sabe que ciertas cosas no las entiendo. Si me contase más de ella tal vez sí. ¿Quién era? Quiero saberlo.

—Alto ahí, no se me pase de la línea.

—¿No me lo va a decir?

—¡No!

—Estoy seguro de que para usted significó mucho ¿verdad?

—Dígame, señor Ramírez, ¿por qué esa pareja de viejos fue tan grosera con nosotros en la sala?

—No recuerdo.

—¿Pasó algo entre ustedes?

—Me tiene sin cuidado, es gente sin la menor importancia.

—Pero también conmigo fueron groseros, querría saber qué pasó.

—De veras nada, la enfermera había prometido leerme ayer, pero tenía que ocuparse de esa vieja infecta, porque se andaba quejando de un resfrío.

—¿Entonces?

—La enfermera de Virgo, usted sabe lo encantadora que es, ella quería estar conmigo, de modo que nos juntó a los tres, y nos empezó a leer. El periódico, no lo que yo quería. Y la vieja infecta, o el marido mejor dicho, empezó con unos comentarios imbéciles, y me le reí en la cara. ¿Usted no habría hecho lo mismo?

—No sé ¿él qué dijo?

—No entendía algunas palabras.

—¿Es extranjero?

—No, ignorante nada más.

—¿Qué palabras por ejemplo?

—Bueno, no sabía dónde estaba Irán. Cualquiera que lee el diario lo sabe. Pero porque son viejos piensan que pueden desentenderse del mundo. Yo los desprecio. Son haraganes, y egoístas. Por viejo que sea yo nunca dejaré de mantenerme informado. Nunca se sabe cuando uno puede volver a ser útil. Y que lo llamen a actuar.

—Ajá.

—Usted no me ve, pero desde que llegué y empecé a leer no he parado. Sobre todo al ver que me acuerdo de todo lo que voy leyendo. Me estimula mucho.

—La gente tiene derecho a retirarse.

—Usted lo que quiere es contradecirme.

—No, señor Ramírez, pienso que es magnífico mantenerse informado, pero usted es un caso de excepción. La mayoría de la gente de edad se deja estar.

—Tengo muy poco en común con ellos. Me aburren, así que hábleme de esa mujer.

—¿Qué mujer?

—Esa mujer que tanto le importó.

—No quiero tocar el tema.

—Entonces fue importante, lo está admitiendo.

—...

—Leí el otro día que sólo lo que asusta hace enojar.

—Ahora es usted quien habla como un jíbaro barato. Suficiente, no quiero hablar de eso. Usted es un viejo de mierda.

—Vaya el cumplido.

—Se lo merece.

—Gracias por la fineza de su trato.

—...

—No sé cómo, pero con todas estas pamplinas me olvidé de decirle algo muy importante por cierto. Que puede irse ya.

—¿Por qué?

—En fin, cómo decirle, la enfermerita es realmente una muy buena chica. Hoy regresa a su casa a las tres, como siempre, pero después... después va a volver para aquí. Yo no quería aceptar, imagínese, ella tiene su familia que atender. Pero no hubo caso, no pude convencerla, quería volver a las cinco ¿y sabe una cosa? ¡va a venir! Según ella le encanta leer. Todavía no hemos decidido qué. Tal vez Jane Austen, o la otra Brontë. ¿No es amabilísimo de su parte?

—Sí, amabilísimo.

—Lo que pasa, Larry, es que de este modo, ¿cómo decirle? no es necesario que usted cumpla hoy su turno completo, puede irse antes.

—De acuerdo.

—Y no se preocupe por el dinero, se le pagarán las horas completas. Claro, ya sé, usted no me cobra la hora del restaurant. Pero el turno se le pagará igual.

—Fabuloso.

—Y ahora que lo pienso, a ella nunca le ofrecí dinero. Raro de mi parte. Seguramente le hará falta. Le voy a sacar el tema hoy. Ella no se va a ofender ¡y qué bendición sería si aceptase! Por supuesto que esto nos lleva a otra cuestión, mi imposibilidad de pagarle a usted y a ella al mismo tiempo. Pero usted sería comprensivo en un caso así ¿verdad?

—Seguro.

—Y ya que estamos, habría que ser más práctico al respecto. Ahora mismo, quiero decir. Porque ella va a aceptar mi propuesta. Así que Larry, usted ve, nunca se me habría ocurrido reemplazarlo con otro joven ¡pero esta muchacha! Usted sabe lo dulce que es, y yo necesito su dulzura. Así que, por raro que parezca, ésta ha sido la última vez que ha tenido que atenderme. Preferiría decirle que me da pena dejarlo ir, pero piense quién está tomando su lugar ¡un ángel!...

—¿No necesita la aprobación de alguien del Comité, para este cambio?

—No.

—Seguramente no les gustará que usted pase por encima de ellos.

—No será la primera vez. A usted lo tomé yo directamente, sin permiso de nadie.

—¿El Comité no sabe de mí?

—El Comité se cree que es cosa del Hogar y el Hogar se cree que es cosa del Comité. A usted lo contraté yo directamente, a través de la Agencia, claro está. Quería a alguien desconectado del Comité. No me gusta que me espíen.

—¿A qué hora dijo que viene ella?

—A las cinco. De modo que puede irse ahora mismo, si quiere. Voy a hacer una siesta entre tanto. Ella me despertará.

—Es imposible, a las cinco lleva a la hija a clase de natación.

—¿Cómo lo sabe?

—Ni bien la deje nos vamos a encontrar.

—¿Quiénes?

—Virgo y yo. Me dejó un papel en el bolsillo del abrigo.

—No lo creo.

—Entonces espérela, señor Ramírez.

—¿Dónde es la clase de natación?

—A dos cuadras del departamento de ella.

—¿Dónde está el marido?

—Hoy trabaja hasta tarde.

—¿Dónde está el departamento?

—No sé si ella querrá que lo sepa, señor Ramírez.

—Bueno, tal vez sea un error mío, porque mire usted, yo tenía dos citas, y tal vez me confundí una con la otra. Unos funcionarios muy importantes del Comité de Derechos Humanos, de aquí de Nueva York, me vienen a ver. Por qué no sé, yo nada tengo que ver con esas historias. Pues... entonces serán ellos los que vienen hoy, y no ella.

—Muy problable.

—No diga que nunca se la mencioné, a esta visita de los funcionarios.

—No, nunca.

—Pues sí, es un gran honor. Dígame, Larry ¿usted es de esa gente que se encanta recibiendo honores ¿o es como yo? No me gusta que me adulen, de veras.

—Nadie nunca me prestó la menor atención.

—De todos modos, si también viene este encanto de

muchacha, yo creo que les va a caer bien. ¿O mejor llamarlos y decirles que hoy no vengan, que no se molesten por mí?

—Mejor que vengan.

—No, Larry, mire, le doy el número y usted los llama ¿verdad?

—Es gente muy ocupada, mejor déjelos venir según lo convenido.

—¿Usted cree? No... llámelos...

—La enfermera no vendrá, señor Ramírez.

—Los de Virgo muy difícilmente confunden horarios y citas y cosas por el estilo. No sé qué apostaría que a las cinco aparece, va a ver... Y estoy seguro de que podemos conseguir alguien del Hogar para que nos prepare un té, y masas ¿y quién mejor que ella para servirnos el té? Ellos van a darse cuenta en seguida que se trata de un ángel. ...Pero ahora que lo pienso, es posible que ellos no vengan, que se olviden del compromiso, ocupados como andan. Sea como sea espero que vengan, sería una pena que se perdiesen té y masas, y a ella ¡nada menos! Y estoy seguro de que le va a convenir conocer a esa gente. La pueden ayudar en su carrera. Gente influyente. A todo esto ¿no convendría que usted me fuera a buscar unas buenas masas, de algún negocio de lujo? No repararía en el gasto, en un caso así...

—...

—No, no le voy a pedir que traiga las masas.

—...

—Sería humillante, a su edad, hacer mandados.

—...

—No, no vaya a creer que estoy dudando por el gasto. En caso de quedarme sin dinero le puedo pedir a ella que me espere unos días para el pago, hasta que me llegue la mensualidad. Ya ve, ella no está tan necesitada como usted, para ella estos van a ser unos dólares extra, un lujo. Los gastará en juguetes para la hijita, vaya a saber.

—...

—Y algo más: voy a recomendarlo al Comité. Usted tiene que volver a trabajar en su campo ¡Historia! no perder el tiempo en estos trabajitos.

—Gracias, no quiero volver a mi campo.

—¿Por qué?

—No me siento en condiciones.

—¿Qué quiere decir "no me siento en condiciones"?

—Eso, que no me siento en condiciones, y basta.

—Vaya a saber lo que me está ocultando... En fin, como usted prefiera. ...¡Ah! y esta tarde, para completarla, para completarla de veras, si ellos se van temprano, ocupados como andan, esta tarde tal vez le quede a ella media hora para quedarse y leerme... Me imagino lo que está pensando ahora, que soy insaciable... Ay Larry, me parece que me están malcriando. Soy un viejo egoísta, pero por suerte usted no va a tener que aguantarme más, porque no va a tener que regresar. Ella va a ocupar su lugar, estoy seguro.

—Larry entra de noche por la ventana, para asustar.

—...

—Esta noche va a aparecer, como aquella otra noche, en el momento menos pensado, y me va a sobresaltar, me va a irritar como de costumbre.

—...

—Usted está ahí ¿verdad?

—...

—Mientras no me conteste voy a seguir en ascuas, no voy a poder descansar...

—...

—Larry, van horas que me mantengo así, alerta, para no dejarme sorprender por sus estúpidas apariciones...

—...

—Larry, estoy agotado ya, a causa de tanta tensión nerviosa. Con usted he aprendido cabalmente, el significado de esas dos palabras.

—...

—Estoy realmente agotado, y querría no obstante discutir el significado de otros vocablos, más nobles.

—...

—Larry ¿usted ya se fue? ¿en este cuarto estoy yo solo? Si yo encendiese la luz para hacer una anotación usted podría acercarse... y tener la osadía de leerla.

—Hace buen tiempo, salgamos.

—Estoy muy resfriado.

—¿Sí? No se le nota.

—Siento que me está viniendo, el resfrío.

—El aire le va a hacer bien, señor Ramírez.

—¿Quiere salir, por algo en especial?

—No, para mí es más fácil estar sentado acá.

—¿Hace mucho frío afuera?

—No, está agradable. Frío pero soleado. Le hará mejor a la salud que estar sentado adentro.

—Parece que la van a echar.

—¿A quién?

—Pero Larry... a la enfermera, ¿a quién si no?

—¿Por qué?

—Es una ladrona, parece. Y ha estado espiando cosas de la gente. Una cuestión muy desagradable. Y delatora además.

—¿En qué sentido delatora?

—En todo el sentido de la palabra.

—Es su trabajo, vigilar a los pacientes.

—¿Y revisarles los papeles secretos? ¿eso le parece bien?

—No. Pero es posible que se lo hayan ordenado, señor Ramírez.

—...

—Tal vez sea el procedimiento de la casa. Asqueante, de cualquier manera.

—Todo empezó por un detalle ínfimo, pero después se descubrió que no había sido la primera vez. Ya ha sido arrestada antes. Una mujer de hampa, resultó ser.

—Hasta el otro día usted estaba enamorado de ella. Antes de ayer.

—Es que todavía no la conocía. Pero ahora sí.

—¿De veras la van a echar?

—Quién sabe. Lo que más me exaspera es que gente así a veces se sale con la suya.

—Con que deje de leerle, ya está.

—Ya lo creo que no me va a leer más.

—Enuméreme los delitos.

—¿Lo toma a la ligera? Claro, usted sabe que no la van a echar, alguien se lo habrá dicho, y ya se está poniendo del lado de ella, de la espía.

—¿Quién puede interesarse en las ideas políticas de alguien internado en este sitio?

—Está visto que sí existe quién. Y ahora me admite que son ideas políticas lo que están investigando. Además todos me mantienen a oscuras. Y eso usted no me lo negará ¿o sí?

—¿Qué es eso de mantenerlo a oscuras?

—No quieren decirme qué pasó, antes de salir de... la cárcel. En la Argentina.

—¿Usted preso?

—Hubo un error, es todo lo que sé, se me acusó de un desfalco o algo así, sin razón. Cuando salí mi hermano me mandó para acá. Los médicos sí conocen todo el resto, y deben pensar que empeoraría, si me enterase.

—Usted tiene miedo de haber hecho algo malo. Y seguramente será así, habrá hecho mal a alguien.

—¿En qué se basa?

—En nada. Siempre está imaginando que lo persiguen, por algo será.

—¿Usted qué sabe, tiene algún dato cierto?

—No. Lo dije por decir.

—...

70

—Usted de veras tiene miedo de haber hecho algo malo, algo muy malo.

—¡Ay! es justo aquí en el pecho, apenas si puedo respirar... Me estoy ahogando.

—¿Qué le pasa? Tiene color de muerto. ¿Llamo a un médico?

—No, ...y puede irse si no quiere verme así.

—Perfecto. Chau.

—¿Cómo puede burlarse de mí en un momento semejante? ...Ay... ¡ay! por favor...

—¿Por favor qué?

—...

—Está demasiado pálido, mejor llamo a un médico.

—No, es inútil que vengan. No saben qué hacer conmigo.

—Pero además está transpirando.

—No llame al médico, es inútil.

—Veamos... tiene la frente tan fría... Déme una mano... ¡está helado!

—Por favor, váyase... O dígame algo que me alivie el dolor.

—Oiga, señor Ramírez, usted no es la única persona que haya hecho mal a alguien. Yo maté a un hombre cuando estaba en Vietnam.

—Me dijo que no lo habían enrolado.

—Le mentí.

—¿Por qué esa mentira?

—No quería que se hiciera una idea pobre de mí. Serví con los infantes de marina durante dos años.

—¿Usted conocía, a ese hombre que mató?

—No, nunca me enteré de cómo se llamaba. Nuestro pelotón estaba rastreando una aldea. Los habitantes la habían abandonado días antes. Si quedaba alguien era casi seguro del Vietcong. Llevábamos el arma sobre la cadera, de repente sentí una presencia muy cercana, de-

71

trás mío. Giré y vi un hombrecito de ropa oscura...

—Y sí, se parecía a alguien...

—No, me miraba nada más. Odio eso, que alguien me venga de atrás, y lo acribillé a balazos.

—E inmediatamente lo reconoció...

—No, jamás lo había visto, pero cuando lo tanteé supe que no era un soldado, sino un campesino viejo que tal vez no había querido irse, y abandonar su aldea.

—Tuvo suerte de disparar primero, él lo iba a matar, con un tablón, o quién sabe qué.

—Sí, pensé que me iba a liquidar, pero me le anticipé.

—O tal vez fue cruel de su parte, antes debió desarmarlo.

—No había tiempo para aclarar nada, destruir o ser destruido.

—¿Qué pasó, después de eso?

—Supongo que me equivoqué, porque él no me iba a hacer nada.

—¿Lo lloró? ¿Lloró sobre su cuerpo, ese pobre cuerpo de viejo?

—No, pero me sentí una mierda.

—¿Qué hizo esa noche, pudo dormir?

—Ajá, dormí.

—Pero antes fue a uno de esos burdeles, los de Saigón.

—Las mujeres eran maravillosas, señor Ramírez. Pulcras, color bronce, con tajos en los vestidos, caras pintadas, y pelo batido. Maquilladas para norteamericanos. No pensaban más que en sexo y dólares. Da gusto una mujer que no piense más que en sexo. Y que me siga.

—¿Fue solo?

—Sí, solo.

—¿No estaba con uno de sus superiores? ¿echó

72

mano usted a la mejor de todas, o se la birló el otro en vez?

—No fui con nadie.

—¿Cómo eran esos cuartuchos?

—Había a veces un espejo contra la pared, y me colocaba con ella frente a ese espejo para poder verle la espalda y las nalgas mientras me acariciaba.

—...

—Señor Ramírez ¿le interesa el sexo todavía?

—Sé que era importante, pero no recuerdo lo que sentía en esos momentos. Hay cosas que no entiendo. He estado leyendo escenas de amor, y hay partes que comprendo y otras que no. Comprendo que uno quiera ser acariciado, otras cosas no comprendo.

—...

—Hábleme más de la chica del burdel.

—Mire, señor Ramírez, nada de eso sucedió. Su dolor de pecho pasó, ya puede respirar bien y no hay por qué continuar.

—¿Era mentira?

—Ajá, mentira. Nunca salí del país.

—...

—Ficción pura.

—¿Por qué?

—¿Por qué no? Usted me mintió sobre aquel de Soho.

—Debe haber algún oficial, superior suyo, que sí estuvo allá. Él le habrá contado de las muchachas.

—No, le inventé todo.

—Si aquella noche del crimen pudo dormir fue gracias a ella.

—Ya le he dicho, señor Ramírez, se lo inventé todo.

—Ella lo acarició porque para eso se le paga, pero lo que yo no entiendo son otras cosas.

—Al mirarle la espalda reflejada en el espejo, al mi-

73

rarle la nuca, al no sentir esa calidez, al no verle la cara,
y la expresión tierna...

—¿Al no sentir esa calidez?

—Está el otro goce, el de estar cara a cara con alguien. Y ver el propio placer reflejado en la otra cara. Es
un goce, cálido. Pero el espejo es más perverso, usted
sale de escena y ve a la otra persona como un objeto, re-
ducida a una cosa, alguien que está entregándole todo
de sí misma, que se está postrando, vaciándose, y eso
también es goce.

—¿Cuál de los dos es más fuerte?

—Se necesitan ambos.

—¿Pero por qué tocar?

—Queda menos de ella, como persona, mientras acaricia.

—...

—No me entiende ¿verdad? Es la idea de ver a alguien reducido a existir nada más que para usted, un esclavo. No sé por qué, pero da placer, excita.

—¿Y qué sucede cuando uno acaricia?

—Tendríamos que ir a algún cine porno. Ya funcio-
nan con comodidad para lisiados. Podemos colocar la
silla en la punta del pasillo.

—No quiero mirar, quiero que me diga qué pasa
cuando uno acaricia. No, más aún, quiero saber por qué
uno va y toca.

—Ni siquiera se necesita que quiera a alguien, basta
que le guste un poco, y la caricia lo lleva solo, tiene un
envión propio.

—¿La caricia que se da es igual a la que se recibe, o
son diferentes?

—Son iguales.

—Sigo sin saber por qué uno va y toca.

—...

—Fue muy generoso de su parte dejar que el otro, un

oficial, pasase primero, con aquella muchacha.

—Vuelta a las andadas...

—Usted acaba de decir que no sabía dónde estaba el burdel, y que un superior suyo lo llevó, ¿o fue al revés? Perdone, se necesita paciencia conmigo, me olvido fácil.

—También inventa fácil.

—Ahora quiere que me confunda. La chica era sin duda la mejor del burdel. Y usted lo dejó pasar antes. Lo cual demuestra buen sentido de la camaradería.

—Oiga, ni tengo oficial superior ni voy a burdeles.

—Una vez le pregunté al médico, sobre esas sensaciones.

—¿Y qué le contestó?

—Me pidió que pensara en una comida muy apetente, que por fin podía comer cualquier cantidad, porque me iba a dar sueño, un sueño reparador. O en que tenía mucha sed, y que por fin podía tomar mi vino favorito, que me iba a dar ese sueño. Pero yo no tengo ni hambre ni sed, sólo dolores, que se aplacan o recrudecen.

—Señor Ramírez ¿quiere que le agencie una prostituta? El Comité no se la pagaría pero usted la podría contabilizar como gastos de farmacia.

—Supongo que primero hay que recordar lo que es el deseo.

—...

—¿En qué hay que pensar en esos momentos? lo único que me supo responder el médico, fue que había que dejar de pensar.

—La verdad es que no hay problema. No es que se deje de pensar, o que ponga la mente en blanco. Es que las preocupaciones, todo se evapora. Deja de urdir planes, y le pasan imágenes por la mente arrastrando más imágenes.

—¿Qué imagen arrastra a otra? ¿cuál es la primera?

—A veces veo paisajes, de lugares donde he estado, a lo largo de los años. Y me inundan los recuerdos, cosas que creí haber olvidado. Caen defensas, y es muy placentero, dejarse llevar por esa corriente.

—Un paisaje, por favor.

—Lomas, lomas suaves, verdor, y lagos.

—¿Hace frío, en ese paisaje? ¿hay viento?

—El clima es siempre perfecto. Confortable, de calma contagiosa.

—¿Es un paisaje que vio pintado o en fotografía?

—No, en la realidad. Lugares donde he estado, fuera de la ciudad.

—Dígame uno.

—Los médanos de Cape Cod. Conozco muy pocos lugares.

—¿Quién está en el paisaje? ¿usted está?

—A veces yo estoy en el paisaje, a veces no.

—¿Qué hace en el paisaje?

—Uhm... No es necesario que haga algo... es nada más que el cuadro, la imagen, las curvas y los colores. Y uno sigue imaginándose otros diferentes, nuevos, es ése el placer.

—Cuando le pregunté qué hacía en el paisaje, no me pudo contestar en seguida, y la voz le salió distinta, irritada.

—Nada de irritación, la dificultad de explicar, nada más.

—¿Cuál es el último paisaje que ve, antes de quedarse dormido?

—A veces me quedo dormido y me pongo a soñar con más paisajes. Y esos sueños son siempre agradables. Es como el cuerpo de una mujer, al que se está explorando.

—Trate de concentrarse y dígame cuál es el último paisaje que ve antes de quedarse dormido.

—Basta de paisajes, no puedo seguir más.

—¿Le sería posible explicarme lo que se siente en el miembro en esos momentos?

—La sensación no está ahí sólo, inunda todo el cuerpo. ...No sé cómo explicar...

—Trate de concentrarse. Haga un esfuerzo.

—¿Para qué mierda?

—Ya que no es capaz de explicar lo que se siente ¿podría por lo menos decir a qué otras sensaciones se parece? algo que yo pueda experimentar, o recordar, en mi condición actual.

—¿Ha nadado alguna vez?

—Ahora no, pero sí recuerdo lo que era, no sé por qué.

—Cuando la temperatura del agua es perfecta, ni demasiado fría, ni demasiado caliente, fresca y nada más, y uno va nadando, deslizándose por el agua, y después sale, y las gotitas de agua como que brillan encima de uno, y la piel le empieza a hormiguear, esa sensación linda es como la sensación del sexo.

—Recuerdo esa sensación, la de nadar, pero no era muy importante para mí. Mientras que veo que el sexo es terriblemente importante para la gente. Esa importancia es la que no puedo entender.

—Después de terminar, aunque no se quiera a la persona, brota como una cierta... solicitud o afecto, aunque uno haya empezado por mostrarse indiferente o fastidiado, u hostil.

—Ésa es su versión, y de ella poco es lo que entiendo. Pero si usted fuera muy paciente conmigo, le pediría que me contase lo que el otro sintió, en el burdel.

—...

—Los dos querían a la mejor. ¿Le fue muy doloroso a usted, perderla? ¿qué diferencia había entre ella y las demás del burdel?

—...

—¿Por qué era mejor que las otras?

—...

—¿Se la podía mejorar en algún sentido? ¿o le gustaba tal como era?

—¿Usted quiere decir la persona que realmente uno desea? Esa, la que lo noquea, esa... cuando se le presenta, le hace retroceder un poco, el impulso sexual. Y uno queda como atolondrado, ante ese objeto mágico, inalcanzable.

—Pero pronto la alcanza.

—No, nunca. Uno puede conseguir a todas las otras sin ningún problema, pero queda siempre suspirando por alguien más. La persona que realmente quiere, la que es mágica para uno, la que le resolvería todos los problemas, y le colmaría todos los vacíos, y le curaría todas las heridas, esa persona es casi inalcanzable, y uno se debilita a medida que se le acerca.

—Pero el momento llega en que la alcanza. Eso quiero recordar, porque sé que la alcancé. Más aún, sé que si pudiese recordarlo todo, no me importaría no tenerla aquí ahora.

—...

—Me cree cuando le digo que la alcancé ¿verdad?

—No.

—¿Por qué?

—Porque es una ilusión. El que alguien o algo desde afuera pueda completarnos.

—¿Por qué la chica del burdel resultaba insuperable? ¿qué la hacía perfecta?

—...

—Si no se acuerda bien de ella, piense en otra que también le resultó perfecta.

—...

—¿Recuerda en este momento haber visto un paisaje

que le pareció insuperable?

—...

—¿Lo tiene olvidado?

—Lo que impresiona es lo que el paisaje está sustituyendo.

—Larry ¿no le basta la belleza del paisaje en sí?

—Está reemplazando a algo. Creo que está reemplazando a algo.

—Los médanos de Cape Cod ¿qué estaban reemplazando?

—Si la mujer es perfecta apenas si uno puede acercársele. Es tan perfecta, una diosa tal, que nos está prohibido imaginarla directamente, y de allí tantas imágenes, y sustituciones.

—Si la busca tan desesperadamente es porque la ha conocido antes. No es cierto que nunca la alcanzó. La alcanzó y la perdió. Lo sé, porque no me importa conseguir lo que antes no tuve. Lo que pasa es que usted no recuerda haberla alcanzado, como yo no puedo recordar tantas otras cosas. La alcanzó y la perdió, pero no se acuerda.

—...

—¿A esos médanos puede recordarlos perfectamente?

—Antes me encantaba explorarlos, caminar detrás de los más altos y por las resquebrajaduras, vadear por las partes pantanosas. No hay nada como explorar un terreno nuevo, y a mí siempre me viene esa compulsión de abarcarlo, al lugar, de trazar el mapa, como si fuera el primer explorador.

—No me contestó todavía. ¿Recuerda perfectamente o no aquellos médanos?

—No.

—¿Por qué no?

—...

—Parece que no quiere continuar la discusión. Pero si usted no me ayuda ¿quién lo va a hacer?

—...

—El silencio me enferma.

—...

—Y así y todo usted no quiere contarme de ese superior suyo en Saigón.

—Espero nunca llegar a ser un viejo lunático.

—¿Sabe una cosa? su memoria es peor que la mía. Usted ya me contó todo de su amigo: aquella noche se avergonzó de que él lo viera en ese sitio. Y usted siempre lo había respetado mucho por ser de más edad, y más rango. Y él en cierto modo lo respetaba también.

—...

—Inútil evadirlo. Sucedió y cada uno es responsable de sus actos. Pero si no me dijo la verdad cuando me contó la historia, éste es el momento de aclararla. Usted llegó al burdel por su cuenta, era la primera vez, las indicaciones que le habían dado eran vagas y el camino tortuoso, pero al fin llegó. El oficial mismo le había dado las indicaciones ¿entonces por qué se sorprendió tanto al encontrarlo?

—A este hombre le crecen burdeles en el cerebro. Señor Ramírez ¿los frecuentaba usted mucho?

—Sí, eso es exactamente lo que le dijo al oficial cuando él le sugirió ir juntos. Por eso después le chocó encontrárselo allí.

—De acuerdo, ya estamos en el burdel ¿y ahora qué pasa?

—Lo vio a él, que tomaba un vaso de vino.

—Vino de arroz.

—Él estaba ahí esperándola a ella, usted se dio cuenta después. Se oyó ese sonsonete que ya me contó, lo oyó a la distancia, un canto raro, pero usted quería saber de dónde venía. Se atrevió a abrir una puerta, que daba a un corredor oscuro. La música ya se podía escuchar mejor. Había cuartos, cuartos muy pequeños, con la puerta entreabierta, a oscuras, o no, algunos tenían una vela diminuta ardiendo. Era gente vieja en su mayoría, echados en camastros, de a uno, de expresión desgraciada, aunque estuviesen en pleno sueño de opio.

—¿Qué tipo de música era? Un tango argentino ¿verdad?

—Qué tontería, me lo dijo usted mismo, que era china, de gran refinamiento, casi religiosa. Y usted avanzó, al final del corredor había una cortina de cuentas.

—¿Y detrás de la cortina, señor Ramírez?

—Un cuarto extraordinario, pero apenas si se distinguían los contornos de los almohadones, perfilados contra la pared de papel. La música se tornó más fuerte, tuvo que caminar con cuidado, parecía haber algo extraño echado entre los cojines. La única luz provenía del cuarto contiguo, sobre la pared de papel se movían sombras humanas.

—¿Echaban humo, las pipas de opio?

—Usted me habló del perfume de esas pipas... ¿a qué esencias extrañas olían?

—A marihuana colombiana de segunda.

—Usted creyó que era marihuana. Pero era algo mucho más peligroso.

—Tabaco común, entonces.

—No, son bolitas de goma que se queman, lo leí en la Enciclopedia, y había un dibujo de un fumadero de opio, muy parecido al que usted me describió. Después no sé, tal vez haya sido miedo de esas serpientes que parecían reptar entre los cojines, o tal vez usted no quiso jactarse, y lo que en realidad hizo fue desfondar el biombo de papel, porque ya no podía más esperar, quería verla, tenía ese pálpito de que ella estaba allí, la más hermosa del burdel. El oficial le había hablado de ella. ¿Se decepcionó al verla, o era tan espectacular como él le había dicho? ¿le encontró algún defecto?

—Unos pocos lunares.

—Pero para entonces era demasiado tarde. Usted oyó pasos detrás suyo y era el oficial. Él la había estado esperando toda la noche y ella no había salido. Y usted recordó que gracias a él había encontrado el lugar, de modo que se sintió agradecido y lo dejó pasar primero.

—Ajá, lo dejé pasar primero. Que se diera el gusto, con lunares, verrugas y todo. Uno de los pechos lo tenía marchito, y más descolorido que el otro.

—¿Después de haberla poseído el otro?

—No.

—No valía la pena matarlo y tenerla para usted solo ¿verdad?

—¿Lo maté, señor Ramírez?

—No, claro que no. ¿Pero qué tenía ella de especial, o superior? ¿por qué las demás eran inferiores?

—Olían mal después, a goma, o a pescado. ¿Alguna vez le olió a alguna mujer entre las piernas, en seguida después de montarla? No hay nada parecido. Siempre tengo que darme una ducha después, para sacarme el olor. Hay que enjabonarse dos o tres veces. Huele a algo infame, putrefacto, en descomposición. Deberían embotellar ese perfume y dárselo a oler a la gente que se ha desmayado. Señor Ramírez ¿no recuerda el olor a mujer?

—Fue como si el oficial hubiese tenido una revelación. No había la menor evidencia de peligro, pero porque sí nomás le pareció mejor esperarlo a usted, y volver al campamento juntos. El aire en ese antro era irrespirable, salió allí a la selva, en plena noche, no se movía ni una hoja, no había brisa pero por lo menos no tenía que mirar más esas caras. Se puso a esperarlo a usted, escondido detrás de un árbol.

—¿Qué me iba a hacer?

—Podía estar celoso, y ésa era la ocasión perfecta para librarse de usted. Algún guerrillero podría haber estado apostado allí, el enemigo habría cargado con la culpa.

—Con el mérito, en mi caso.

—...

—¿Me balearon o no?

—Si el oficial no hubiese estado ahí, sí, con toda seguridad. Él se había escondido nada más que para hacerle una broma, darle un susto. Pero cuando por fin usted salió él vio sombras raras moverse entre el follaje tropical, y no podía ser el vaivén de las palmeras porque no había viento. Le gritó que hiciera cuerpo a tierra. Y usted le obedeció. Las balas de los enemigos no lo alcanzaron. Se los oyó escapar. Y usted estaba a salvo. Gracias a él.

—...

—Es ya hora de irse ¿verdad, Larry?

—Más o menos, no importa.

—Por favor, le voy a pedir algo especial.

—¿Qué?

—Por favor vaya y coma en el restaurant mañana, el restaurant nuestro. Aquí está el dinero.

—¿Por qué?

—Yo no puedo ir, no estoy del todo bien. Pero si usted fuese después me podría contar, y eso me ayudaría, créamelo. Usted sabe que tengo mis rarezas.

—Entre.

—¿Cómo se siente, señor Ramírez?

—¿No es martes, hoy? ¿a qué ha venido?

—Bueno, supe que estaba enfermo, y se me ocurrió pasar, para ver cómo estaba.

—¿Se lo dijo ella, que me había quedado en cama?

—No, llamé yo más temprano a la recepción, pero me dijeron que no lo podían traer al teléfono, porque estaba enfermo.

—...

—Lo llamé para cambiar la hora. Mañana a la tarde tengo cita para una entrevista de trabajo.

—Comprendo...

—Es para un puesto como asistente de investigaciones, en la Universidad de Columbia. ...Qué mal semblante tiene hoy.

—¿Empezará a trabajar en seguida? ¿cuántas horas?

—Empezaría dentro de algunos meses.

—Siento un frío terrible, ya se lo he dicho. Me bajó la presión, pero el sudor frío continúa. Tengo las axilas mojadas, en este momento mismo, y los pies helados, y al mismo tiempo empapados de sudor. Es de lo más asqueante, siento repulsión de mí mismo... no aguanto más. Huelo mal, por añadidura. Y no puedo darme más de una ducha por día, me debilitaría demasiado.

—Lo siento.

—No se acerque, deje el abrigo allá. No quiero que me huela.

—La transpiración no me molesta.

—Si no mejoro, mañana me internan en un hospital.

—¿Qué le pasó? Ayer se sentía perfectamente.

—Si voy a parar a un hospital, entonces mis jíbaros van a saber por fin si acertaron, al ocultarme lo que quiero saber.

—No entiendo ni una palabra.

—Para ellos lo importante es que yo siga sin saber nada.

—...

—Y yo lo que necesito es saber. No que me traten como a una piltrafa que no aguantaría un golpe más.

—¿Qué le han dicho los médicos, de lo que pasó antes de llegar a este país?

—Muy poco. Que me metieron preso por un error, yo no había estafado a nadie. Después el avión, y un hospital dos días en este país. Nada más.

—¿Sabe lo que sucedió mientras estaba preso?

—No.

—¿Querría saberlo?

—Me es indispensable para mejorar.

—Pero después no me denuncie.

—Lo que usted haga cae bajo mi responsabilidad, Larry. No olvide que yo lo contraté sin permiso de nadie.

—Pues... le diré lo que sé.

—...

—...

—Sí... escucho... ¿por qué se calla?

—Pienso como usted, que hacen mal en tratarlo como a un inválido... mental.

—Lo oigo.

—Mataron a su familia.

—¿Cómo lo puede saber?

—¿Dónde están, si no, sus familiares?

—¿Quién se lo dijo?

—La enfermera. Ella no es muy profesional. Yo se lo pregunté.

—Larry... ella me dijo que no sabía nada.

—No quería perturbarlo. Yo tampoco. Tal vez usted prefiera no saber nada.

—¡Dígame todo lo que le contó! ¡Por favor!

—Recuéstese, y trate de relajarse. Según usted le es indispensable saberlo, para su curación, y yo estoy de acuerdo. Pero tiene que calmarse.

—¡Calmarme un bledo!

—...

—Pero por favor... se lo ruego, repítame todo lo que dijo ella.

—De acuerdo. A su familia la mataron.

—¿Cómo?

—Pusieron una bomba en su casa. Ocurrió cuando usted ya estaba preso. Pero era por cuestiones políticas, nada de estafas.

—Ellos me quieren alegrar, los médicos. Haciendo que yo crea esto que me dice. Pero no puedo dejarme engañar así. Ojalá fuese cierto.

—¿Cómo? ¿le alegra la noticia?

—No sé lo que es alegrarse, pero sí sé que no es la peor noticia posible, que una bomba los mató. Si existieron alguna vez.

—¿Cómo? ¿no le da vergüenza decir algo así? ¿No preferiría que estuviesen vivos?

—No.

—¿Por qué no?

—No sé, porque entonces... podrían estar sufriendo. Podrían estar pagando culpas mías.

—¿Qué culpas?

—No recuerdo nada. Pero usted ¿por qué quiere saberlo? ¡alguien lo manda a averiguar!

—Lo del desfalco es un invento suyo. Su hermano es

87

un invento.

—Hace dos años yo era un hombre fuerte, eso me lo han dicho los médicos mismos.

—¿No lo cree entonces, lo que acabo de decirle?

—Tengo mis razones... para saber... que no es cierto.

—Démelas, señor Ramírez.

—...

—En sus adentros, usted debe saber mejor que nadie lo que pasó.

—También usted debe darme todos los datos. Debe repetirme todas las mentiras que ella le dijo. ¿Qué clase de familia me inventaron? ¿a quién dijo que mataron?

—A su mujer, a su hijo y a su nuera.

—Sé que una vez viví con una mujer, fuimos de vacaciones a la playa una vez, un lugar de médanos. Hijos nunca tuvimos. Así que cambiemos de tema.

—Yo le dije lo que la enfermera me contó, porque usted quería saber lo sucedido. Creí que la verdad lo ayudaría, señor Ramírez.

—Larry, le pido disculpas, de veras. No me gusta deprimir a la gente con mi... con el espectáculo de mi miseria. ...Pero antes de que se vaya, quiero que me escuche una cosa... Creo que no fue muy generoso de su parte, el asunto aquel con la enfermera. Pero no estoy resentido. Usted es joven, he estado leyendo sobre las necesidades que sufren ustedes, y como eso los esclaviza.

—No pasó nada con la enfermera. Para los jóvenes no es todo miel sobre hojuelas. Y no siempre nos resulta fácil establecer un primer contacto.

—Pero con ella tenía cita.

—Bueno... no pasó nada. Y aunque hubiese pasado ¿por qué se queja de la necesidad sexual de los jóvenes? No hace más que hablar de eso. Y como si fuera algo maligno, egoísta.

—Si me dice que no pasó nada con ella... para que

me sienta mejor, es inútil.

—Señor Ramírez, me parece que usted es un voyeur. ¿Quiere que organice algo, por ejemplo que lo coloque en un cuarto contiguo para oír los ruidos? estoy seguro de que eso lo reanimaría.

—No me interesa la parte exterior del asunto. Quiero saber lo que sucede en lo interior de la gente. ¿Qué sintió cuando la vio aquella tarde, esperándolo? ¿o es que ella no vino a la cita?

—¿No es más importante para usted la noticia que acabo de darle, sobre su familia?

—No hubo tal familia. Siga con lo suyo.

—¿No prefiere discutir un asunto... tan fundamental para usted?

—Todos inventos suyos para no contarme de la enfermera.

—Hágase su voluntad... ¿En qué iba? Pues... hay muchas variantes, en estos encuentros. Se necesitan mil cosas para que todo salga bien. Uno de los dos puede estar de humor adecuado, y el otro no. Uno puede estar comunicativo y de buen talante, el otro un poco caído.

—No me interesan "estos encuentros", me interesa el encuentro de ayer.

—...

—Por favor...

—¿Se va a mejorar si le cuento?

—Prometido.

—¿Prometido qué?

—Hacer todo lo posible para mejorarme, todo lo que esté a mi alcance.

—Usted es como un vampiro. Se alimenta de la vida de los demás. Trate de imaginarse cómo se siente la víctima, mientras la van vaciando, de a poco.

—Aquí hay una sola víctima, y soy yo, víctima de mala salud y peores médicos.

—...

—Larry ¿por qué tan vergonzoso lo que pasó esa tarde?

—No pasó nada, una charla tirante y basta.

—¿Cuánto duraba la lección de la hija?

—Una hora.

—Ella lo iba a llevar a su departamento, a dos cuadras. El marido tenía horario nocturno. Usted me lo dijo. ¿Dónde pasaron esa hora?

—Sentados en una cafetería.

—¿Por qué no en el departamento?

—Es que yo no estaba seguro, que fuese eso lo que me apetecía.

—Ella es muy agraciada.

—Ajá.

—¿De qué hablaron?

—Toda clase de temas. Estas conversaciones en general esquivan la cuestión. Se puede hablar de un millón de cosas, del mundo, de los demás, pero lo difícil de plantear es los propios sentimientos y necesidades con relación a la otra persona. Nunca se dice directamente, se sugiere nomás. Alusiones indirectas, flirteo. Flirteo y represión van de la mano, y tiene que haber represión para que un cierto placer se desprenda del flirteo.

—No entiendo. Cuando usted salió de aquí esa tarde esperaba algo diferente, noté que la deseaba mucho, y no le importó hacerme a un lado. Usted estaba cegado por las ganas. Y ella lo iba a llevar al departamento. Por eso no voy a creerle esta versión. Lo que usted no quiere es que me entere de que la gente sale con la suya.

—...

—Usted salió con la suya, confiese.

—A veces la gente sale con la suya, y otras no.

—¿Salió ella con la suya? Entonces lo único que quería era flirtear y sentirse deseada.

—Ella quería eso y algo más.

—¿Qué más?

—Sexo, y afecto.

—¿Y usted qué es lo que quería?

—Lo mismo.

—Lo que no me dice es que los dos tuvieron otra cita al día siguiente.

—Me encanta su imaginación. No hubo segunda cita, una fue tortura suficiente. Me resulta muy incómodo estar junto a alguien que deseo, a no ser que la esté ya poseyendo.

—Estaba a dos cuadras de poseerla ¿por qué dejó que ella lo detuviera?

—Ella no me detuvo. Yo solo me detuve, tiendo a sabotear estas cosas. Hay un modo de hacerlo, de quebrar el encanto, eso que se produce cuando dos personas se sienten cómodas entre sí, receptivas. Son estados de ánimo bastante frágiles, un encanto fácil de quebrar... basta con hacer cualquier mención directa.

—¿Qué sintió cuando por fin la abrazó, una vez en el departamento?

—Ya le dije que nunca la abracé. Y ojalá mi vida fuese tan florida como su imaginación. ...Si llego al punto en que estoy en una cama con una mujer, entonces no hay problema, el problema viene antes. Cuando uno se abre y expresa hasta qué punto está necesitado... se vuelve muy vulnerable, y a pesar de todo puede ser rechazado.

—Usted no es tan apuesto como cree, pero de todos modos no es un monstruo ¿quién lo rechazó y por qué?

—No lo sé, siempre he tenido esa sensación.

—Necesito saber cuándo fue que lo hirieron más, y dónde sintió el dolor.

—Un dolor fuerte de barriga, de diarrea, ese efecto me hace usted.

—Qué grosería. ...¿No fue en los ojos que sintió el

dolor el día que lo hirieron tanto? Una vez me pareció que los ojos se me llenaban de hielo, un hielo que quemaba.

—¿Cuándo fue eso?

—La tarde que la enfermera lo esperó frente al gimnasio.

—...

—¿Cuándo fue que lo hirieron más?

—¿Por qué se sintió rechazado, señor Ramírez? Yo iba a venir dos días después.

—Pero ella no iba a venir a verme esa noche. Lo había preferido a usted.

—...

—El mismo hielo poco a poco invade y mata el cerebro, pero los pulmones siguen trabajando unas horas más, lo mismo que el corazón. Voy a estar agonizando de dolor pero no voy a poder pensar, no voy a poder descubrir qué es lo que me está matando.

—...

—Espero que esto le suene muy ajeno, algo remoto que le está pasando a un viejo. Dígame que nunca estuvo así de mal en su vida, a punto de morir.

—Me he sentido así. Y peor todavía, porque sabía que no me iba a morir.

—Pero Larry, el que se muere pierde todo, no puede haber nada peor que eso.

—¡Basta, viejo absurdo! Acaba de decir que sus familiares están mejor muertos, pero usted no se quiere morir.

—Yo me sé defender. Ellos tal vez no. Si los mataron es porque no supieron defenderse. En este mundo me sé defender, en el otro quién sabe.

—En el otro no va a poder molestar a la gente. A veces me parece más un chico malcriado, que un hombre que ha vivido setenta y cuatro años.

—Entonces... ¿de veras nunca piensa en esas enfermedades, en la gangrena, y en las otras infecciones, las que vienen del frío?

—No.

—Quiere decir que todavía está intacto, de una pieza. Tal vez el miedo mayor que conoció en su vida fue que el sueldo no le alcanzara hasta fin de mes.

—Lo cual es bastante molesto.

—Larry ¿puedo pedirle un favor?

—Depende.

—Si me dice qué es lo que ve cuando cierra los ojos, en el momento de su mayor miedo, tal vez yo trate de ver lo mismo cuando el miedo me venga.

—En otras palabras, quiere conocer mis defensas.

—Quiero conocer a sus enemigos, trataré de creer que son los míos.

—...

—Cierre los ojos y dígame cómo son sus enemigos. Parecerían casi mansos.

—...

—¿Ve casas? ¿casas donde ha estado? ¿o lugares desconocidos? ¿Ve gente? ¿gente que conoce?

—...

—¿Qué le están haciendo? ¿quién está ahí para defenderlo? ¿quién lo traiciona después de hacerse pasar por amigo?

—Está bien. Uno de mis terrores más grandes es el de perder mi atractivo físico, de no contar más con ese arma. Usted debe saber de lo que hablo. ¿Cómo hizo para aceptar que ya no era el de antes y al mismo tiempo sentirse intacto, con una vida todavía por delante, una vida con algún sentido, que le podía seguir deparando placeres? Dígame cómo fue eso, y cómo pudo salir de ese mal trance.

—Soy muy pobre, no puedo dar mucho, no puedo

dar nada. No sé nada.

—...

—Todo lo que tengo... es una esperanza mínima, de encontrar mis anotaciones.

—No me venga con ese patetismo. ¡Pone demasiado énfasis en esas notas! Nada le va a venir de afuera, está ya todo en su cabeza. Su cerebro no está dañado.

—Dígame qué cara tiene, ése que le declara amistad, el que va caminando al lado suyo, pero que poco después da un paso atrás. Es ahí que usted se da vuelta, y le ve un cuchillo en la mano.

—Sucede constantemente. La gente se echa atrás, no intima, no se atreve a encariñarse, por poco que sea. Por más que necesite de afecto. Yo soy así siempre. Doy un paso atrás.

—¡No! usted no es el que retrocede, Larry...

—Sí, es lo que hago siempre.

—Ese otro, el que camina detrás suyo ¿tiene su misma cara entonces?

—No sé de qué me está hablando.

—¿Qué cara tiene, ése que camina detrás suyo, con un puñal en la mano?

—...

—No tiene importancia, ya le hice suficientes preguntas ¿verdad? Y me había olvidado de que hoy está en calidad de visita, no de acompañante. Gracias, no dude por un momento de mi aprecio por lo que está haciendo.

—Nada de eso, estaba cerca y pensé en entrar un rato.

—No me refiero a eso. Vino a decirme que con la enfermera no había pasado nada, para que no me sintiese dejado de lado... Usted se tomó el trabajo de inventar una historia de cabo a rabo, todo en mi beneficio.

—No le mentí.

—Mire, es inútil tratar de embaucarme. Ella estuvo a verme antes que usted, y me dio la versión real.

—...

—La enfermera lo vio venirle al encuentro. Usted se detuvo en la esquina. Ella estaba contenta de verlo y no lo ocultaba.

—...

—Ella lo vio venirle al encuentro, pero usted no sabía si cruzar la calle o no.

—No era solamente la pérdida de una persona, sino la del sentido que ella le daba a todo.

—Usted no sabía si cruzar la calle o no. Tal vez fue entonces que cerró los ojos. ¿Era una tarde oscura? ¿estaba iluminada la calle?

—En momentos así no se ve la calle. El dolor se expande como el cáncer, pretende tragarse todo. Pasa al dormir, pero pocos segundos después de despertarse, vuelve. Y así y todo nunca pensé en matarme, en esos momentos. Me pregunto por qué. Un dolor que llega tan hondo, que destruye todo el significado de la vida. La razón debe estar en el sufrimiento. Horrible como parece debe haber alguna función que ese sufrimiento cumple, algún significado que adquiere para así sofocar toda idea de suicidio, y bloquearlo a uno en esa posición.

—Ella me dijo que en seguida se sintió cómoda con usted en la cafetería, y que entonces...

—¡Cállese! Cuando mi... amiga me dejó, después de diez años juntos, fue como si me arrancasen la piel, por dentro me revolcaba de dolor, pero por fuera hice que no se notase nada. Me quedé ahí en el departamento leyendo con toda calma, mientras ella preparaba sus valijas. Ella estaba muy mal también, se estaba viniendo abajo. Los dos nos estábamos viniendo abajo. Tenía la absoluta necesidad de irse, pero quería que le dijese "no, no te vayas". Empezó a buscarme peleas, sobre qué le correspondía a cada uno. A medida que yo le concedía más cosas, y más y más, sus pretensiones se volvieron extravagantes, y quería todo. Le puse tal distancia, que el único modo de hacerme engranar en la pelea fue atacándome. Pero mantuve la fachada, sin ceder, incapaz de decir "no te vayas, te necesito". Creo que eso era lo difícil. Decir "te necesito, soy una persona incompleta, me falta algo. Sin ti me debilito". Eso no lo pude admitir. Parecía tan doloroso, admitir esa necesidad. Y por fuera pareció que yo estaba tratando la cosa como una cuestión menor, la separación de una mujer con la que había vivido tantos años. Como perder un gato.

—¿Para entonces usted ya había abierto los ojos? ¿o estaba todavía esperando para cruzar la calle?

—...

—Ya no tiene nada que temer, usted se olvidó de todo lo de esa tarde pero no importa, porque yo lo recuerdo, y se lo puedo decir.

—Sí, dígamelo ¿qué sucedió?

—Tal vez bastó una palabra de usted, la justa, y la enfermera supo que tenía que echar el marido a la calle. Una sola palabra y usted tenía un hogar, esperándolo. Un hogar de veras, cálido y acogedor, y dentro de él a la mujer que ansiaba.

—Me suena sofocante. No quiero vivir ahí.

—Larry, usted dijo que el hombre que caminaba detrás suyo tenía su misma cara. ¿Cómo sé que ahora es usted y no él a quien tengo delante?

—No le entiendo ni una palabra.

—Me lo dijo hace poco, esta misma tarde. ¡Ah! y ya me acuerdo de algo más. Un día en el parque me dijo que la voz del otro sonaba maligna. Y yo no podría describir cómo suena su voz ahora con una palabra más acertada.

—Si insiste me voy a enojar de veras con usted.

—Si usted es Larry me debe decir quién le pegó una vez con un tablón.

—Mi padre.

—Una voz maligna. Y sépalo, nunca Larry sufrió un rechazo, y tal vez ni conozca el significado de esa palabra. Mientras que usted... no puede pensar más que en eso.

—Se equivoca, señor Ramírez. Él sabe lo que es ser rechazado. Cuando tenía diecisiete años, la madre lo echó de la casa, no tenía trabajo, ni dinero, no estaba yendo a la escuela, no tenía donde ir.

—Quien se equivoca es usted. No fue la madre, sino el padre, quien lo amenazó con un tablón.

—No, el padre podía amenazar, y enfurecerse, pero no sabía tomar una decisión, y no habría podido echar al chico a la calle. Era la madre quien tenía fuerza suficiente para eso. Ni bien entró en la pubertad empezaron las peleas, él y su madre.

—Imposible. La enfermera me contó todo, Larry no provocaría nunca una pelea, menos aún con una mujer.

—Un día, temprano a la mañana, iba con mi bate al hombro, a jugar a la pelota con mi amigo Charlie. Iba con zapatillas blancas, camiseta de manga corta y los bluejeans bolsudos que mamá siempre me compraba. Yo era muy flaco de chico, con una gran mata de pelo. Iba por el camino de siempre y vi a esta mujer rumbo a su trabajo, a una oficina probablemente, por la ropa. Usaba tacones altos y la falda le llegaba hasta apenas debajo de las rodillas. Los tacones altos tensionan los músculos de la pantorrilla de la mujer, y la obliga a contonearse, como los caballos. Mis ojos se detuvieron en esas pantorrillas, los músculos y las curvas. De repente sentí algo alborotándoseme bajo el pantalón, no sabía lo que me estaba pasando, creí que podía ser algo malo. Todo eso me sorprendía, y me asustaba un poco, pero seguí a la mujer hasta la parada del ómnibus y la miré subir.

—Larry me contó la misma historia. Y como le mostró la erección a la madre. Ella lo besó en la frente y le dijo que no se preocupara, estaba creciendo sano, eso era todo.

—Llegó la madre ideal. Lo único que nos faltaba.

—Ideal, no como la de usted.

—Sí, no como la mía. No se lo conté a nadie. Ni siquiera a mis amigos varones. Estaba demasiado avergonzado, tenía miedo de que se me rieran. No era algo que se podía contar, era algo que me tenía que guardar para mí solo. Y fue así para siempre.

—Su madre vio que usted ocultaba la erección, y por eso se enojó.

—No jugué a la pelota ese día. Volví a casa. Pero antes esperé que el bulto bajase. Tomé conciencia de mi ropa, de lo fea y bolsuda que era. Y quise deshacerme del bate, ponerme un traje y seguir a la mujer del ómnibus. No la conocía, era más alta y de más edad que yo, y la diferencia me hizo sentir un poco ridículo.

—Y desde entonces ha tratado de parecerse a Larry, y, por unos pocos minutos, puede engañar a cualquiera. Muy pocos minutos. ...Larry se fue. Yo le dejé un sobre en la oficina del Director. Con una nota, y algunos dólares para que coma a gusto.

—Yo lo vi en una pizzería mísera.

—¿Cuándo?

—Hace años.

—¿Dónde?

—En el centro de Nueva York.

—¿Qué lugar del centro?

—En la calle 34.

—¿Qué hacía él ahí?

—Comía algo.

—No me mezquine las palabras.

—Creo que era una pizza siciliana, puede ser que con hongos, envuelta en una hoja grasienta de papel blanco. Le chorreaba el aceite de las puntas, en los labios tenía salsa de tomate.

—¿Por qué estaba en la calle 34?

—Se había ido de la casa y estaba buscando donde dormir.

—Tenía nada más que diecisiete años.

—Así es, diecisiete.

—Se había ido de la casa porque lo esperaría alguna muchacha, una aventura propia de la edad. Mientras que a usted, quien lo echó fue su propia madre. Como se saca a la calle la basura.

—Sí, fue ella. La cuestión había empezado cuatro o cinco años antes. A partir de la pubertad. A ella mi cambio le había traído graves problemas. No sólo los pensamientos pecaminosos y perversos que ella me atribuía, sino la misma idea de libertad, que estaba ligada a sexo.

—Sé que las madres bañan a sus niños. ¿Hasta cuándo sigue eso, hasta qué edad?

—No sé, con los varones, hasta que la madre se siente atraída por el cuerpo del hijo, por sus órganos. ...El padre está fuera de la casa trabajando, todos los hombres de la zona están trabajando. Se quedan las mujeres, y hay nada más que un hombrecito cerca, al que se lo ha bañado y cuidado, y nutrido durante años. Es imposible que este apego no tenga un componente sexual. El chico siente ese apego ¿y qué efecto le causa? tiene a su madre toda para él la mayor parte del día. El padre llega a la casa a la noche y come y duerme con ella, y eso queda envuelto en el misterio, pero la mayor parte del día ella pertenece al chico. Y el chico se pregunta por qué ella le dedica tiempo al padre, por poco que sea, ya que el padre es un pobre asno. El hombrecito se siente muy superior al padre. El padre está ahí nada más que en virtud de su tamaño y edad. Es el padre el usurpador, y debe ser eliminado. Todas las noches vuelve y duerme con la madre en la cama grande, y el chico debe volver al propio cuarto. ...Todos los muebles del dormitorio de mamá me fascinaban, el espejo, la caoba, los candelabros de bronce, los frascos de perfume sobre una bandeja de vidrio, las fotos colocadas al borde del espejo, las borlas del cubrecama, la ropa interior en los cajones de ella, la caja del polvo, las horquillas y sachets, y toallas, y trusas, y chinelas, y la alfombra, y el piso de madera. Yo quería su cuerpo, pero no lo sabía. No me dejaba entrar a su dormitorio muy seguido, a veces cuando íbamos a la playa tenía que cerrarle el cierrerrelámpago del traje de baño. Se cerraba en la espalda, un cierre largo que empezaba justo donde empezaban las nalgas. Ella de adelante se cubría los senos, pero los breteles estaban caídos. Yo tenía que cerrar la parte de atrás, y lo hacía lo más despacio posible. Si me atrevía tiraba un poco de la tela para mi lado, y después subía el cierre. Así podía ver el comienzo de la raya, de las nalgas, y la curva hermosa del talle. A veces en verano, cuando hacía mucho calor, ella usaba una blusa suelta, sin sostén. Muchas veces se sentaba en la mesa de la cocina y leía el diario, yo me paraba en una silla detrás de ella haciendo como que leía el diario, pero mirando por debajo de la blusa, a sus pezones, marrón oscuro y grandes. ¿Se imagina usted? y sin poder tocar.

—Si él era tan buen amigo suyo le habrá contado lo que sucedió después.

—Con mi madre éramos muy unidos, pero todo se agrió después. Me volví indisciplinado, me quedaba en la calle hasta las cuatro de la mañana, me emborrachaba, fumaba, leía libros de filosofía, novelas, y todo eso la perturbó. Me resultaba insoportable seguir ahí, pero la gente que pelea es porque siente un gran apego, y para mí irme fue un verdadero desgarramiento. Pero no demostré la menor emoción, me mantuve frío, indiferente, la perturbada era ella. Peleamos y peleamos y peleamos, y cuando me echó a mí no se me movió ni un pelo. Fui y preparé mi bolsón. Por dentro me moría pero seguía mirándola desafiante.

—¿Dónde pasó usted esa noche?

—La primera noche dormí en el subterráneo. A bordo de la línea E, de una punta a la otra. Es posible dormir sentado sin caerse. Cuando se está por ladear y voltearse del todo, uno solo levanta la cabeza y se endereza, sin despertarse. El cerebro sigue manteniendo cierto contacto con la realidad. Cada tanto el guarda me despertaba en la última parada y me hacía cambiar de tren.

—...

—Llevábamos seis meses peleando, con mi esposa. Ya se la nombré a usted, la mujer con quien viví diez años. Todo se deterioró muy rápido, ya no nos podíamos aguantar más. Tardamos seis meses, o nueve, en llegar a un choque total. Y eso después de pasar un mes de vacaciones juntos. Que fue terrible. Empezó a tener aventuras. La idea de ella, me lo dijo después, no era la de irse. Sino tener aventuras para poder soportar nuestra relación. Ella quería que yo me fuera, me molestaba a propósito, me despertaba a la noche, se emborrachaba, apagaba la televisión cuando yo estaba mirando. Para forzarme a reaccionar, así era yo la causa del rompimiento. Por doloroso que fuera todo eso, yo no podía decidirme a dejar la casa.

—...

—Y me acuerdo de otra cosa. Mamá dijo "si vuelves después de la ocho, la puerta va a estar con el pasador por dentro". Pero era muy temprano para volver a casa, tan irracional como decir "no salgas". Yo ya estaba vestido, tenía una cita, me sentía hombre, y ninguna regla estúpida me iba a detener. Me comporté desafiante, sin medir las consecuencias. Cuando volví eran las once y la puerta tenía el pasador puesto, y la cadena, no pude entrar con mi llave, ¡así que a la mierda y me voy a dormir afuera! tomé el ómnibus hasta el subterráneo y dormí ahí toda la noche.

—Me está mintiendo. Primero mencionó un bolso, que ahora no aparece por ninguna parte.

—Al ir hablando, voy recordando mejor lo que pasó. Fue al día siguiente que me echaron para siempre. Ella había encontrado la excusa. Lo iba haciendo de a poco, de otra forma no se animaba. Primero por una noche, y después permanentemente. Ella tenía que deshacerse de mí, por algún conflicto que mi libertad y salvajismo le estaban causando. Ni siquiera era salvajismo, ése era el término de ella, hasta llego a hablar y pensar con sus palabras. Yo no era más que un adolescente normal, rebosante de vitalidad.

—Larry, por favor dígame otras palabras que usaba su madre.

—...

—¿Le falla la memoria?

—Mi madre no tenía palabras propias. Ni sabía pensar por su cuenta.

—Estoy cansado, no puedo seguir su razonamiento. Pero sí deme alguna palabra de ella, se lo ruego.

—Lo que hacía mi madre era como vivir la vida de otro, y justificarse con frases hechas que creía haber inventado. Sus propias necesidades, que eran distintas, no encontraban un lenguaje con que expresarse, o con que aflorar a la conciencia. Pero sí ejercían una presión exasperante.

—Estoy demasiado cansado, no puedo seguirlo. Pero

si me repitiera las palabras de ella... tal vez... pudiese... entenderlas...

—...

—No puede repetirlas... porque ella nunca se rebajó a dirigirle una palabra...

—...

—Usted engaña a la gente, pero por un rato nomás. Y a mí ni por un instante.

—...

—Nunca le pedí que viniera. Por favor váyase...

—...

—Le he dicho que salga de aquí.

—Hasta mañana.

—Gracias por dejarme ese sobre con dinero.

—Larry... qué susto me ha dado...

—¿No me oyó entrar?

—No.

—El silencio de la noche es total. ¿Cómo pudo no oír mis pisadas?

—Otra vez por la ventana, como una alucinación.

—Disculpe, señor Ramírez.

—Por ventanas y puertas que están cerradas.

—Hay cosas más urgentes de que hablar. No se lo mencioné antes porque temí que se burlase de mí. Pero ahora estoy seguro de que sabrá comprenderme.

—Mis límites son notorios, pero le pondré la máxima atención. Tome asiento.

—Gracias. Sucedió la misma noche de la cita con la enfermera, poco después de salir de aquella cafetería asfixiante. Iba solo, había elegido una calle oscura, para que todo se volviera tiniebla. No se veía alma viviente, soplaba un viento helado que hacía crujir las ramas peladas de los árboles. Había que caminar con cuidado, parte de la nieve de las calles se había tornado hielo resbaladizo, traicionero.

—Por una transversal apareció una sombra. Dobló, tomando el mismo rumbo que usted.

—Sí, pero iba a muchos metros de distancia.

—Era una mujer.

—Vestía un abrigo de pieles, con capuchón. Calzaba botas. Caminaba muy despacio.

—Algo encorvada.

—A pesar del abrigo amplio noté la cintura. Una cintura pequeña. Una tira de cuero la ceñía. Yo supe que era una mujer joven antes de verle la cara, tal vez por el modo en que colgaban sus brazos.

—Usted se le acercó sin que ella le oyera las pisadas. Como un asaltante.

—Ella caminaba despacio, irremediablemente iba a alcanzarla si seguíamos avanzando en la misma dirección. A mí me perturba que alguien me camine detrás, y ella también habría podido sobresaltarse si de pronto me veía pasar a su lado.

—Usted estiró el brazo para alcanzar algo.

—...

—Sí, Larry, el mundo está lleno de cosas y los jóvenes deben estirar el brazo para alcanzarlas.

—Me oyó, se dio vuelta sin dejar de caminar pero pronto se detuvo, levantó los brazos como para protegerse. Yo le grité que no tenía nada que temer. No había terminado de decírselo que ya se empezaba a tambalear. En seguida cayó desmayada. ¿Qué debí hacer entonces, señor Ramírez?

—Usted la socorrió, acudió adonde estaba, la tomó en los brazos, y pese a sus palabras tranquilizadoras, pese a sacudirla levemente para despertarla, ella no volvió en sí. Finalmente la levantó en brazos. Golpeó a una puerta.

—Una puerta con llamador de oro. Se encendió la ventana contigua y un rostro poco amistoso nos observó. Sacudió la cabeza en señal negativa. Era un viejo como usted, de poca paciencia. La luz se apagó. No se abrió la puerta.

—Yo le habría abierto.

—Posiblemente sí. Pero usted no tiene casa propia.

—¿Dónde la llevó finalmente?

—Señor Ramírez, me ruborizaré de sólo mencionar

lo que pasó a continuación. Podría haberla cargado en brazos hasta la avenida, allí esperar un taxi. Pero en el momento ése todo se oscureció en mi memoria. Sí, todo se había vuelto tiniebla, yo había logrado mi cometido. Me había olvidado de mi nombre y muchas cosas más. Imposible que el chofer del taxi adivinara dónde estaba mi casa. No se encendía ninguna luz en mi mente. Algo me hizo seguir caminando en la misma dirección que traía, y a una cuadra más estaba el muelle abandonado sobre el río Hudson. Allí hacen campamento a veces los mendigos que no encuentran otro techo. En mi memoria de pronto apareció una hoguera. Una hoguera de mendigos en el muelle abandonado. La mujer no pesaba mucho, pero yo debía avanzar con cuidado por el hielo, llegué jadeando al galpón en ruinas. Se lo he mostrado a usted, en algunos de nuestros recorridos.

—Sí, el inmenso galpón junto al muelle, semidestruido por un incendio.

—Y esa noche sumido en la total oscuridad. En la bolsa de la mujer había un encendedor. Lo utilicé para pegar fuego a unas hojas de periódico que yacían en el suelo, arrolladas por mí en forma de antorcha. En un rincón divisé dos mesas viejas, y otros maderos, llevados allí por los vagabundos para sus fogatas. Pronto encendí una, la mujer yacía en el cemento sucio pero su carne no tocaba el basural; las botas, los guantes, el abrigo de capucha, la protegían. Continuaba sin conocimiento. La acerqué al fuego, me senté en el piso con ella reclinada sobre mis rodillas. El aire cálido que la iba envolviendo le inspiró una expresión de placer casi, o al menos de bienestar. Después abrió los ojos.

—Le preguntó dónde estaban, sin sobresalto.

—Sí, pero a continuación me preguntó quién era yo. Lo único, absolutamente lo único que recordaba en ese momento era la tirante escena jugada con la enfermera en la cafetería. "¿Quién es usted?", me dijo ella, y yo le contesté así, del único modo que pude: "La vi por la calle, caminar sin fuerzas, la vi después desvanecerse. Yo venía de un encuentro poco grato, comprendí muy bien que podría haber alguien así como usted, a quien las últimas fuerzas estaban abandonando". Ella volvió a preguntar quién era yo.

—Descríbame por favor a esa mujer. Su rostro.

—Cuando hablaba, su sinceridad, su decencia eran evidentes.

—Eso es importante.

—¿Cree usted? ...Bien, cuando yo a mi vez le pregunté quién era ella, su expresión volvió a nublarse como antes. Ella recordaba todo, estoy seguro, pero no podía decir nada. "He prometido, bajo juramento, no revelar el secreto." ¿Qué secreto? me pregunté yo. Le dije entonces una simpleza, que ella no quería contarme nada para así desquitarse de mi silencio. Le pregunté si mi silencio la ofendía. Me respondió que no había tiempo para juegos de ese tipo, en cambio había que actuar, sin pérdida de tiempo. Pero para ello necesitaba de mi ayuda. Y eso sí le resultaba importante, saber si yo estaba o no dispuesto a socorrerla. Respondí que sí, ignorando si realmente me encontraba en condiciones de hacer algo por ella. Pero el vértigo de lo que iba a seguir me impidió toda reflexión inútil. Ella necesitaba volver a esa calle oscura donde la había encontrado, no lejos de donde vivo. Apagué el fuego para evitar que nos vieran desde la distancia. Ella había llegado antes a la puerta de determinada casa y no se había animado a entrar. Había sido al emprender un rodeo más, que yo la había encontrado.

—¿No se sobresaltó usted al llegar con ella a esa puerta y descubrir que era la de su mismo edificio de departamentos?

—Era muy parecida. Pero no la misma.

—Eso es lo que usted se dijo, para calmar un terror creciente.

—Pero durante el camino ella me había explicado lo que debíamos hacer. Adentro del departamento estaban sus documentos y sus joyas, y algún dinero. Tenía que recuperarlos. Antes de que llegase el hombre a quien tanto temía. Después podría alejarse de la ciudad, del país. Y resultaría imposible seguirle la pista.

—¿Quién era ese hombre?

—Se negó a darme explicaciones. Ya frente a la puerta tuvo un vahído, el frío y el miedo se habían confabulado para robarle una vez más el equilibrio. Yo la sostuve. Ella dijo que era mejor no intentar nada, el hombre podía estar adentro de la casa, esperándola. Yo le respondí que en tal caso la defendería, el hombre no podría atacarla si yo me interponía.

—El hombre podía contar con un arma de fuego.

—Yo le pregunté de quién era la casa. No me respondió. Supuse entonces que era la casa de él, y que íbamos a introducirnos como ladrones. Me pidió que confiara en ella, del mismo modo que ella había confiado en mí desde el instante aquel en que se despertó en mis brazos, junto a la hoguera.

—Al abrir la puerta, se vieron las cucarachas de siempre, Larry, la cocina chorreada de grasa, las estalactitas y estalagmitas de basura.

—No se vio nada, ella prefirió no encender la luz, a tientas encontraría todo lo que necesitaba.

—El colchón estaba tirado en el suelo, era posible tropezar y caer.

—Ella avanzó con paso seguro, me llevaba de la mano como a un ciego. Oí que abría cajones, que lo revolvía todo, sin resultados. Me llevó después hacia otro rincón, abrió una puerta corrediza. Allí había ropas colgadas, las tanteó una por una al parecer. Me dijo, con un hilo de voz apenas, que la búsqueda había sido inútil. Estaba junto a mí y me bastó estirar los brazos para alcanzarla y abrazarla. Traté de darle aliento, para que siguiera buscando, yo estaba allí y la defendería si el viejo llegaba.

—¿Se trataba de un viejo, entonces?

—Sí, señor Ramírez. Faltaban pocos segundos para descubrirlo. Ella estaba tratando de convencerme de la inutilidad de seguir buscando, cuando... a pocos metros... se oyó una respiración dificultosa, jadeante...

—El viejo.

—Sí, ella ahogó un grito de horror. El viejo dejó oír entonces una risa sarcástica, perversa. Yo le pregunté qué hacía allí, por qué irrumpía en la casa de una mujer que no quería saber nada de él. Respondió que quien irrumpía en casa ajena no era él, y repitió su risa repulsiva. La voz parecía provenir de un plano inferior al de nuestras cabezas, como si aquel viejo maldito estuviese sentado. Una voz cascada, carraspeante. Nos ordenó entonces que siguiéramos sus instrucciones, si no queríamos caer bajo los disparos de un revólver.

—Usted tenía que salir y la muchacha quedarse.

—Exactamente. Si me preguntase usted ahora por qué actué como lo hice a continuación, no sabría responderle. Porque no había terminado de amenazarnos el infame cuando ya me le había arrojado encima, como una fiera. Nos trenzamos salvajemente, sentí sobre la cara los dedos crispados del viejo, me buscaba los ojos para hundírmelos, reventármelos. Yo había conseguido encontrarle el puño con que sostenía el arma, traté de doblegárselo. Forcejeamos, se oyó un tiro, los dedos de él se me clavaron más hondo que nunca y después me soltaron. Sentí que el brazo caía. Ella me preguntó si el viejo estaba herido. Le respondí que no, que aún seguía sentado en su silla, pero muerto. Los pasos de ella se acercaron lentamente, sus manos me encontraron la frente y me la acariciaron, dejó escapar un "gracias". En seguida se puso a tantear los bolsillos del viejo. Allí encontró el pasaporte ansiado, la billetera llena de dólares, un bolso sedoso lleno de joyas poco voluminosas pero de gran valor. Finalmente exhaló un profundo suspiro de alivio, me explicó que si procedía con cautela ya pronto sería una mujer libre de todo miedo, el paso siguiente consistiría en dejar ese edificio sin ser notados. Yo entonces le dije que sería mejor no perder un minuto más de tiempo, alguien podría haber oído el disparo.

—Usted estaba cometiendo un error. El viejo no había muerto, estaba herido solamente, y esperaba el momento propicio para echar mano al revólver y disparar las balas restantes del tambor.

—Yo no me había percatado.

—Pero yo sí, Larry. Lo que usted tiene que hacer es de inmediato echar las manos al cuello del enemigo y estrangularlo. Presione, él no tuvo ninguna piedad con usted, él quiso reventarle los ojos, húndale ahora esos dedos jóvenes de usted en la piel fláccida y maloliente.

—Sí, señor Ramírez, gracias, le estoy obedeciendo.

—Ya lo que se oye no es más que los últimos estertores.

—Cuando su respiración no se oyó más, lo solté y cayó de su silla al suelo. "Está muerto, ahora sí", le dije a ella. Sentí entonces sus dedos delicados buscando algo en mi rostro. Mis labios. Después posó encima los de ella. No me besó. Me rozó nada más, pero con gran ternura. Me anunció que ya partía, y tal vez nunca más nos veríamos.

—Usted le pidió que lo llevase, porque si se quedaba sin ella volvería a hundirse en la soledad y la tristeza.

—No, no me atreví.

—Usted se lo pidió y ella no respondió nada. Usted le dijo entonces que ella lo abandonaba porque era un pobre diablo sin nada en la vida, ni siquiera algún buen recuerdo, un pobre diablo tal que ni siquiera sabía quién era.

—Ella entonces me volvió a posar los labios y anunció que me iba a revelar quién era yo. Y que me quería mucho, porque sabía muy bien quién yo era.

—¿Y entonces, Larry?

—Entonces se lo pregunté, y me respondió que yo era el hombre que la había salvado.

—Se lo dijo por fin.

—Y me tomó las manos, y no parecía ya pensar en marcharse.

—¿Por qué no parecía ella pensar en marcharse?

—No sé... algo me dio esa impresión.

—¿Qué? ¡recuérdelo! ¿qué es lo que le dio esa impresión?

—Señor Ramírez... estoy tratando de recordarlo, es cierto, hago el esfuerzo más grande... y de nada sirve... ya no me acuerdo...

—¿Y después? ¡¿Qué pasó después?!

—Señor Ramírez... no grite así... en esta oscuridad no puedo verle su cara de usted... pero esos gritos suenan tan mal... parecería que está enojado... furioso conmigo... sus dedos crispados me buscan los ojos, para hundírmelos hasta reventarlos...

—¿Yo? pero si no tengo fuerzas sino para... respirar... de esta manera... jadeante... dificultosa... que tanto miedo le dio...

—...

—Larry... Larry...

—...

—No se vaya... ¿dónde está? Larry... contésteme...

—¿Qué... hace... aquí?

—Supe que lo habían traído a este hospital, y vine a visitarlo.

—Una... visita paga... ¿o qué?

—Paga, no paga, ¿qué importa?

—Miércoles..., a las dos de la tarde. Debería... ser paga.

—Como quiera.

—Me siento mejor, ahora... Pero no me mire... de esa manera.

—¿Cómo?

—Debo parecerle... un espectro.

—Un poco pálido, puede ser. Pero la voz, señor Ramírez ¿por qué tan baja?

—No sé...

—...

—Pero a las dos de la tarde... teníamos cita... en el Hogar. ¿Cómo entonces... Larry, está aquí, en el hospital?

—No debería estar acá. Debería estar todavía en Columbia.

—Ah sí, algo de eso... me dijo, ayer.

—Exacto, pero tuve el pálpito de que algo no andaba bien, y llamé primero al Hogar, y me dijeron que estaba aquí.

—Y canceló la entrevista de la Universidad. Curioso.

—Fui, pero ya la había cancelado de antemano, en lo que a mí respecta.

—...

—Le explico: yo no pedí esa entrevista, la verdad es

que me encontré por la calle con un ex-compañero de estudios, y me obligó casi a que fuera a verlo a Columbia, donde él tiene un buen puesto ahora. Él insiste en que yo vuelva a enseñar.

—Pero usted ¿cómo dijo aquella vez? "no se siente en condiciones".

—En efecto. Fui porque no me atreví a dejarlo plantado. Pero al menor problema que se presentó me di por liquidado y me vine.

—Entonces ya estuvo por allá.

—Ajá, ni siquiera media hora me quedé.

—Ya voy entendiendo...

—...

—Larry, yo no les telefoneé. Y aunque ellos me lo hubiesen preguntado, yo no les habría dicho nada.

—No le entiendo.

—Se me ocurre que alguien muy mezquino, un envidioso, pudo haber llamado a la gente de Columbia y decirles lo que no se debe.

—Qué locura, nadie sabe nada de mí, ni se interesa en lo más mínimo.

—Si yo hubiese sido malo, les podría haber hablado de sus inclinaciones políticas.

—Lo habrían tomado por loco. Estamos en el 78, McCarthy ya se fue del Congreso.

—Pero loco no estoy, y es por eso que no los llamé. Mi cuerpo está enfermo, mi mente no.

—Ajá, pero la idea se le ocurrió, y ya eso es una locura.

—No estoy de acuerdo. Mire, esta enciclopedia trae un montón de cosas, y he estado leyendo sobre los pájaros, los gorriones en especial. Y cómo cuidan a la cría. Construyen el nido, empollan los huevos y los protegen de las maneras más increíbles ¿usted lo sabía?

—Sí, es cosa remanida, se dan turnos para vigilar el

nido, mientras uno sale a buscar alimento y van alentando a los pichones para que se animen a volar, poco a poco... Les dan de comer hasta que pueden encontrar la comida solos.

—...

—Y llegado el momento, cuando pueden sobrevivir por su cuenta, los obligan a irse.

—...

—Entonces me va a comprender sin problemas. Al leer eso pensé que yo también habría cuidado a un hijo, si lo hubiese tenido. Porque al ver a alguien más chico inmediatamente uno se da cuenta de que puede resolverle cosas que él no podría. Pero después el hijo crece, y ya no necesita más de nadie, y es mejor que se vaya. Pero espere... no es eso lo que quería decir, perdóneme, me perdí.

—Pero a usted se le ocurrió, ese llamado a la Universidad, para contarles de mis ideas políticas, para que no me dieran el puesto. Esa conducta de protectora no tiene nada. Usted me es hostil, sin que yo le haya hecho nada, apenas si me estoy ganando unos dólares para vivir.

—¿Almorzó en el restaurant que le gusta?

—No, volví a casa, comí un sandwich.

—¿Por qué? Yo le dejé un sobre con dinero, en el Hogar.

—Anoche al pasar por la oficina la encontré cerrada. De todos modos no quiero que me deje más nada.

—¿Por qué?

—No me gusta deber favores. Si algún día me pide algo, podré decirle que no, si me parece.

—Volvió para darle de comer al gato. A su gato le habría gustado uno de esos pichones tan tiernos, de que le hablé. Usted habría querido llevarle uno de esos pichones, pero los de la enciclopedia son de papel.

115

—No tengo más el gato.

—¿Qué pasó?

—A veces uno dice mentiras sin ningún sentido. Tuve un gato pero se me murió hace meses. No sé por qué le dije que todavía lo tenía.

—Larry ¿verdad que este cuarto es agradable? Se puede levantar y bajar el respaldo de la cama. Y este timbre, es lo que más me gusta. En caso de que un extraño entre al cuarto, un indeseable, puedo llamar al enfermero, y hacer que lo saquen de inmediato. En el Hogar no hay tal servicio.

—¿Qué es lo que pasó, por qué se siente peor?

—La presión me bajó a los pies. Y me subió demasiado el tenor de azúcar en la sangre. Si las cosas continúan así, parece que mucho no voy a vivir.

—Está deprimido. Y envidioso de la gente que lo rodea. Los ve como enemigos.

—Curioso que me diga eso. En momentos en que de veras estaba deprimido nunca me lo hizo notar, y ahora que no lo estoy en cambio sí. No hay razón para deprimirme, usted está aquí y tengo alguien con quien conversar. Cuando se vaya me voy a quedar solo, y entonces sí, es posible que me deprima, pero tampoco me durará mucho si es que tengo a mano un buen libro. Es usted quien tiene motivo para estar deprimido, porque perdió la mañana en esa Universidad.

—...

—Anoche lo recordé, cuando me trajeron aquí. El cuarto del Hogar estaba libre y no había necesidad de que usted pasase la noche en la línea E. Pero no tenía modo de comunicarme. Aunque hubiese sabido el número de teléfono, estaba tan enfermo que no habría podido acertar el dedo sobre el dial. Al llegar aquí me llevaron a terapia intensiva. Hasta esta mañana estuve en carpa de oxígeno.

—De acuerdo, señor Ramírez. No tiene por qué preocuparse por mí, estoy bien, y cuando usted se sienta mejor saldremos otra vez. El tiempo está mejorando.

—...

—¿Qué es este paquete? está dirigido a usted, señor Ramírez.

—Sí, un mensajero del Comité lo trajo a mediodía. Pero no lo voy a abrir. Se equivocaron, no es para mí.

—¿Qué puede ser? ...Tiene remitente de una oficina de Derechos Humanos, en Buenos Aires.

—Óigame... Ahora me acuerdo de lo que quería decirle... antes. Los gorriones, y toda clase de pájaros... y tal vez toda clase de animales, cuidan a la cría... mientras se mantiene chica... de tamaño. Cuando los pichones de gorrión crecen los padres ya no saben... quienes son... no reconocen a los hijos más... porque no tienen memoria, como los humanos.

—Es una bendición.

—No... en absoluto... Desde que llegué a esta ciudad... y empecé a sentirme mejor... cuando empecé a leer... bueno, usted sabe... usted comprende... hoy, si un hijo mío... estuviera tirado en la calle, sangrando... yo lo reconocería... trataría de socorrerlo... porque puedo acordarme de las cosas... Yo lo reconozco a usted cada día que viene... Pero antes no... antes de que me pusieran en ese avión... no habría reconocido a mi hijo... tal como los animales... Así que... cuando me acusó de llamar a la Universidad... y contarles todo de usted... en realidad yo pensé eso... porque cuando alguien tiene su tipo de... ideas... debe estar alerta... No era yo quien iba a hacer la llamada... sino algún enemigo suyo, o un falso amigo...

—¿Entonces usted es amigo mío, señor Ramírez?

—Qué raro... de su parte, que nunca hace preguntas

¿qué le pasa? ¿no me reconoce... más?

—¿Quién es usted?

—A veces, Larry... la gente... tiene que afrontar un riesgo... Sé que usted no es más que un niño... péro tiene que hacer de cuenta que es grande y fuerte... porque voy a necesitar ayuda... y no hay más nadie alrededor...

—...

—No debe contárselo a nadie... ante todo, no se lo diga a su madre... Pero hoy... me ha vuelto a suceder... ¡No recuerdo nada!... ¿me va a ayudar?

—Ajá, lo voy a ayudar.

—Criatura... Tengo que ir a trabajar... Tengo que ir y traerle a su madre un poco de dinero para la casa... Ella se va a perturbar mucho si esta noche no hay nada que comer... Pero no me acuerdo de nada... ¿dónde es que trabajo? ...¿cómo llego hasta ahí? ... tiene que decirme lo que debo hacer.

—Tome el ómnibus.

—Pero así no puedo ir... ¿tengo que afeitarme?... ¿qué ropa me pongo? ...¿es una oficina elegante, donde tengo que ir?... Por favor ayúdeme...

—Aféitese y póngase un traje.

—¿Mi mejor traje?

—No, uno cualquiera.

—¿Por qué no me ayuda?... Dígame... todo, por favor... se está haciendo tarde.

—¿Qué es lo que quiere saber?

—Todo lo que tengo que hacer, para que su madre y usted estén satisfechos conmigo.

—Por mucho que haga nunca vamos a estar satisfechos.

—...Ah... ah...

—¿Qué tiene? ¿no puede respirar?

—Me cuesta... porque usted... es apenas una criaturita... y no... no puede ayudarme.

—No me gusta nada la forma... en que me obliga a hacer las cosas... Pero, para qué discutir, en fin... veremos, primero que todo... tiene que levantarse muy temprano, antes de que salga el sol, cuando todavía necesita dos o tres horas más de sueño. Suena el despertador, y le taladra los tímpanos, es un ruido insolente, y grosero, que le irrumpe en los sueños... y en los nervios. Por radio ya hay algún imbécil que habla pavadas sin parar. Los párpados le parecen pesas... la espalda no le responde, quiere volver a caer al colchón... Pero se sienta en la cama, y abre los ojos... e interrumpe todo el proceso de sus sueños... para fijarse en el reloj, el lavabo, el cepillo de dientes, ... el desayuno, en otras palabras, el tiempo. ...Se mira en el espejo, se viste, traga rápido la comida, y corre al ómnibus. ...La rabia lo va invadiendo por tener que hacer todo eso, está malhumorado e irritable. Y el día empieza en la fábrica... De inmediato surgen problemas.

—¿Cuál es mi trabajo?

—¿De veras quiere ir a trabajar?

—Tengo que pedirle perdón... por supuesto sé que lo que usted quiere es jugar... Quiere ir a remontar el barrilete... jugar a la pelota, conmigo. Pero es imposible, un día va a saber por qué. ...Así que por el momento sea bueno y dígame cómo comportarme en mi trabajo...

—Yo estoy durmiendo todavía cuando usted sale de casa. A veces se detiene en mi cuarto, y me acaricia la cabeza...

—¿Con una mano... o con las dos?

—Con una mano.

—¿Y después?

—Sale para el trabajo.

—¿Me ahogo... me quedo sin aire... porque tengo que ir a trabajar?

—No, nunca se ahoga.

—Creo que sí sentí un terrible ahogo... una vez... o más de una... Pero se le ha olvidado.

—Yo no me acuerdo. Estoy siempre durmiendo.

—¿Me ahogo en el empleo?

—No, nunca. Su trabajo no es importante. Cuando se muera encontrarán a alguien más joven que lo reemplace, al que van a capacitar... en unas pocas semanas.

—No me voy a morir, no antes de que usted haya crecido, y pueda ganarse la vida.

—Qué buen padre es, ...papá.

—¿Se ríe de mí? el momento es poco adecuado, voy a llegar tarde al trabajo. Y en algo más está equivocado, nunca se les va a ocurrir reemplazarme.

—El patrón va a estar encantado con usted. Y no se olvide de ir a la iglesia, el domingo. Así va a estar acorralado de los tres lados. Familia, trabajo y religión. El ciudadano ideal. Un esclavo de la gleba, un hombre sin cara. Los vecinos van a comentar lo buen marido que es.

—Sí, pero parece que a usted nada de eso le gusta, se está riendo de todo. Si voy a trabajar y obedezco órdenes es porque usted y su madre y yo mismo, los tres necesitamos comer. Tengo un gran miedo de que se enteren de mis verdaderas ideas, y me echen.

—Una vez, la fábrica donde usted había sido capataz durante años, cerró, y tuvo que aceptar un trabajo muy malo. En otra fábrica. Manejando un troquel, una cortadora automática.

—No lo sé manejar, me he olvidado. A lo mejor mañana me vuelve todo a la mente ¿pero hoy mientras tanto? Hoy no puedo ir a esa fábrica.

—No es difícil de manejar. Necesita ser rápido, nada más, y soportar el ruido. Y el agotamiento. Y jamás distraerse. Eso es todo. El trabajo en sí es simple.

—¿Me lo puede enseñar?

—Está bien. ¿Sabe lo que es un troquel?

—No.

—Es una pieza muy pesada, de metal, a la que se ha dado la forma de algo, la de un sobre para cartas por ejemplo. Los bordes cortan. Usted tiene que colocar una resma de papel bien centrada, y después encima el troquel. Entonces una masa muy pesada cae sobre el troquel y corta la resma. Usted quita el troquel, quita el papel ya cortado y lo coloca a la derecha, pone una nueva resma y vuelve a colocar el troquel, antes de que la masa caiga nuevamente. La máquina está cronometrada para una cierta producción, y usted se tiene que mover rápido para mantenerse al mismo compás. Si el troquel no está bien colocado... puede dispararse y lastimarlo. Usted tiene que moverse rápido y con precisión.

—Espere, déjeme ver si lo puedo hacer... Coloco la resma... coloco el troquel... ¿y la masa? ¿cómo es que cae?

—Le caerá sobre las manos si no tiene cuidado.

—Tendré mucho cuidado.

—La masa es automática, está cronometrada. El patrón se encarga.

—Ahora entiendo. Si no retiro las manos, me las va a deshacer.

—Sí. Por simple que parezca todo, nunca debe distraerse.

—Muy bien... Pero... veamos... la masa baja... Ya antes he sacado las manos... No me distraeré por nada... ¿pero qué es lo que sigue?

—Tiene que quitar el troquel.

—El troquel.

—Quita la resma de papel cortado y la apila a un lado. A la derecha.

—A la derecha.

—Agarra una resma nueva de papel a su izquierda.

La coloca bien pareja.

—...

—Vuelve a colocar el troquel, y retira las manos.

—Sí, gracias, ahora sé por qué, la masa está cronometrada y va a desplomarse con toda la fuerza posible. Y es entonces que quito el papel cortado, pero... no sé dónde hay que apilarlo.

—Apílelo a su derecha.

—Sí, ya me está volviendo todo. Y no voy a distraerme, y aunque me canse no voy a dejar que el patrón lo note.

—A él no le importa si usted parece cansado, o si está cansado de veras, o al borde del desmayo, le basta con que siga trabajando.

—No me voy a desmayar, se lo prometo. ¿Pero esto cuándo va a parar? ¿se me va a permitir parar?

—Le dan un recreo de quince minutos para el café, a la mañana y a la tarde. A la hora de almorzar se va a sentir feliz de salir de ahí, de respirar al aire libre, mirar al cielo, ver color. Pedir lo que quiera para comer. Comer en cantidad. Fumar. Caminar para atrás, para adelante o para donde sea, cambiar alguna palabra con alguien. Pero ya es hora de volver. Y las máquinas se ponen en funcionamiento. Hay muchas en la fábrica, y el ruido resulta ensordecedor.

—Usted tiene miedo de que ahí adentro me enferme, pero le prometo que no. Por espantoso que sea el lugar, si sé que en algún momento me van a dejar salir, lo voy a soportar. Si es que a la noche puedo ir de vuelta a mi casa.

—Puede vagar por la calle una horita. Así tiene que pasar menos tiempo con su esposa.

—No, ya sabía que usted y su madre iban a pensar eso. Si esta noche llego tarde es porque he estado buscando un regalo.

—Qué buen padre.

—Otra vez se niega a creerme, o a aceptar lo que digo. Nunca está satisfecho.

—En una familia nadie está satisfecho con nadie. Por bien que cada uno cumpla con su rol. Eso es parte de la vida de familia, señor Ramírez.

—Dice eso para que yo no siga con mis temores. Sé que esperan muchísimo de mí, y le aseguro que no voy a decepcionarlos.

—¿Está seguro de que no quiere abrir este paquete?

—No es para mí, Larry.

—¿Para quién es?

—Para otro. Puede tirarlo a la basura.

—Veamos primero qué es.

—Haga lo que quiera, basta que a mí no me lo muestre.

—Abrámoslo.

—Debería esperar a que su madre venga a la mesa... antes de abrirlo.

—Que se vaya al diablo.

—Tal vez me equivoque, y sea solamente en Navidad que se espera hasta cierto momento para abrir los regalos. ...¿O es para los cumpleaños? Fue una de las primeras cosas que leí cuando llegué al Hogar, ...era en una novela... El padre llegaba con regalos para la familia... pero, otra vez a las andadas, hice unas anotaciones y las dejé en el Hogar.

—Son novelas en francés, señor Ramírez. Ediciones de lujo...

—¿Para quién será ese regalo?

—"Les liaisons dangereuses", "La Princesse de Clèves", "Adolphe", qué belleza... ¿era una especialidad suya?

—No son para mí...

—Sí que lo son... Libros de su biblioteca. Claro que

123

sí, tienen su nombre adentro. Y la fecha... 1928... 1930...
Por algo el papel se ha vuelto marrón...

—...

—¿Qué son estos números?

—...

—¿Qué son estos números encima de las palabras?
Parecen no seguir ningún orden. 32, 1, 3, 16, 5, 12, 4...

—...

—Hmmm... Si se va buscando los números, por orden... se va armando una frase.

—Tonterías. Algún chico habrá hecho garabatos encima, eso es todo...

—No... forman frases... ¡mire!

—Lo que quiera, pero sea razonable... He estado trabajando todo el día, no puedo ponerme a jugar con usted ni bien entro de vuelta a casa...

—Creo que éstas son las notas que tomó estando
preso. ¡Qué maña!

—Esta criaturita... ¿cuándo irá a crecer?

—Señor Ramírez, qué valor el suyo. Los números son
de su propio puño.

—...

—Esto podría ser importante. Déjeme ir anotando
un poco... "malédiction... eternelle... à... qui lise... ces
pages". Es lo primero que dice. Maldición eterna a
quien lea estas páginas.

—Le he dicho que tire todo a la basura.

—No, veamos qué era lo que se proponía. Parece que
está hablando de una huelga... aquí el personaje de la
novela se refiere a "grève" como arenal, pero usted usa
el otro sentido de "grève", ¡huelga! ...En algunas páginas encontró muchas palabras para usar... en otras muchas menos...

—...

—Esta página está en forma de carta... Y usted usa

la misma introducción que el personaje. La novela esta se compone íntegramente de cartas, como recordará.

—No recuerdo. En el Hogar no hay novelas en francés.

—¿Maldición eterna a quién? ¿al policía que descubriese y leyese estas páginas?

—...

—¿Maldición eterna a cualquiera que las lea con malos ojos, con ojos de policía?

—La policía ayuda a la gente, detiene el tráfico cuando pasa mi silla de ruedas.

—Señor Ramírez, usted sabe que yo no soy un delator ¿por qué tanta cautela conmigo?

—...

—Esto puede tener mucha importancia. Quiero anotar todo este material... Podría ser un documento importante, de resistencia a la represión.

—No lo es.

—¿Podría llevarme los libros a casa unos días?

—Qué feliz está... ¿por qué tanto entusiasmo?

—Podría ser material útil para mí... para comentarlo. Escribir algo.

—¿Estos libros viejos lo hacen tan feliz?... Yo no sé por qué los elegí... Habré sabido que eran los que usted quería... como regalo... Ni siquiera recuerdo dónde los conseguí...

—Sí, son perfectos... muchísimas gracias...

—Qué alivio para mí... No sabía si le iban a gustar... Yo me decía, su último cumpleaños fue un día tan memorable... va a ser difícil no defraudarlo esta vez...

—No, son una maravilla, perfectos...

—Ahora una cosa... ¿podría ser sincero? sé perfectamente que su último cumpleaños fue un festejo maravilloso... pero no recuerdo ningún detalle... Por eso es que, para hoy superarlo, me tiene que decir todo lo que pasó...

—Más repugnante el tema, imposible...

—Pero Larry ¿por qué?

—A los muy chicos se les celebra el cumpleaños... a los cinco, a los seis años...

—Si no me cuenta le quitaré los libros.

—¿Va a bajarse de la cama y pelearme?

—Estoy escuchándolo...

—Está bien... Podía invitar a todos los chicos del barrio, a los que quisiera. ...Yo elegía. A quién invitar, y a quién no invitar. Por ese día, o por esas pocas horas, era el rey. Recuerdo que invitaba a muchas chiquitas y menos varones. Había siempre una torta grande, muchas golosinas. Y regalos para todos. Todos los invitados debían tener un regalo. Y era un acontecimiento abrir más de diez regalos a la vez.

—¿Cuáles prefería?

—Lo que no me gustaba era esos bonetes puntiagudos en forma de cono, con la tira de goma para ponerse bajo el mentón.

—¿Por qué no?

—Me quedaban mal, parecía un idiota. Era como tener la verga colgando de la frente. Nunca los quería usar. Y como habrá visto sigo sin usar jamás sombrero.

—¿Por qué la verga colgando de la frente?

—Siempre me sentí humillado con el bonete. Pero mamá siempre me obligaba a ponérmelo. Sabe una cosa, no fui al acto de Graduación en la Universidad porque tendría que haberme puesto... una toca. Los sombreros son siempre feos. Los bonetes puntiagudos de las fiestas de cumpleaños, y de Fin de Año, los de forma cuadrada para Graduación, los gorros de beisbol con birrete, siempre algo en punta, que está fuera de lugar. Algo de forma ridícula.

—Larry, una cosa que no sé... ¿los niños tienen el pene desarrollado, o les crece cuando ellos crecen?

—Es enorme. Y rebelde. Una vergüenza. Muy diferente del resto del cuerpo. Una cosa ajena, y fea, pegada... al cuerpo. Escondida la mayor parte del tiempo. Una cosa que da vergüenza.

—Quiere decirme entonces que... los niños... podrían ser tan eficaces con una mujer... como un hombre.

—Me gusta la pregunta. Erección tienen. Y tal vez se los debería animar por ese lado.

—No... me está mintiendo... Ahora recuerdo los niños de la enciclopedia. Tienen un pene diminuto, y sin vello púbico... como los ángeles, en las pinturas sagradas.

—Hay sentimientos encontrados... al respecto. Por un lado se está orgulloso de tenerlo, y guay si algo le pasara, pero por el otro lado resulta un bochorno, algo que actúa por su cuenta. Es posible que ya a esa edad...

—¿Qué edad?

—Cinco años. ...que ya a esa edad tuviese que reprimir el deseo. ...Supongo que el hecho de que mi madre me obligase a usarlo... y más todavía, que ella me lo colocase... lo volvía aún más intolerable. Aunque probablemente lo que yo deseaba era que me... que me tocase, que me acariciase...

—¿Que le acariciase el pene diminuto de niño?

—No tan diminuto. Y el chico siente que sus deseos son tan fuertes como los del padre. El padre está ahí... en virtud de su tamaño mayor, y nada más. Aparte de eso no es superior en nada.

—Pero ése fue el cumpleaños más feliz que recuerda, hasta el de hoy. De modo que me debe decir qué pasó después que su madre le colocó la tira de goma del bonete, por debajo del mentón.

—Yo no debo decirle nada ¡parásito!

127

—Se enoja de miedo que le cuente todo a ella.

—Es una injusticia. La prerrogativa del padre. Que la condición temporaria, y accidental, de su tamaño mayor... le dé derechos exclusivos sobre la madre. Mi madre me deseaba también, lo sé. Pero en esa época no podría haberle resultado tan eficaz como mi padre. Es doloroso admitirlo, que por culpa de ese maldito tamaño infantil... no se pueda tener a la mujer. Y cuesta renunciar a ella, todavía ahora... ese anhelo perdura...

—A la menor insinuación usted sale con esa insensatez. Alguien le contó todo eso y usted se lo creyó.

—Es la verdad, el anhelo perdura.

—Alguien le inventó esa historia y usted se la creyó. Usted tiene miedo de que si no existe ese... anhelo, no haya otra cosa en su lugar. Por eso creyó lo primero que le dijeron.

—...

—Pero sí que hay otra cosa. Yo sé, porque la tuve, pero la perdí y ya no recuerdo lo que era.

—...

—Tal vez como yo, a lo que usted le tenga más miedo es a no acordarse ya nunca de lo que había ahí, en lugar de ese anhelo suyo falso, de esa mentira insensata.

—...

—Larry, hoy... cuando ella llegue... En fin, hay una cosa de la que no estoy seguro... ¿hace mucho tiempo que no la ve?

—...

—Bueno, yo no querría perturbarlo... pero... no es la misma de antes... Así que... cuando ella lo vea... quién sabe cómo reacciona... Y no es que ella sea como los animales... como esos gorriones, tan elementales, tan primitivos, que no pueden reconocer a sus pichones... una vez que crecen... En este caso son otras las razones.

—¿Qué razones?

—No hable tan fuerte... Ella no tiene que oírlo. No le deje ver que la notamos tan cambiada. Podría herirla. Hagamos de cuenta que todo es normal.

—...

—Ella está ahí, de pie, Larry. Posiblemente espera que yo le diga algo. ¿Qué tendría que decirle?

—Vaya y háblele. Pregúntele cómo ha estado últimamente.

—Dice que se siente muy bien, y que no sabe por qué. Pero digámosle en seguida la causa, ¿o no? Tal vez sola advierta que es el aniversario del día maravilloso en que lo dio a luz.

—...

—Le diré únicamente que usted está aquí, de visita, en el día de su cumpleaños, y que hay cosas que le gustan y otras que no. Que ella no debe ir y hacer nada de lo que le hacía a sus niños, como por ejemplo ponerles esos bonetes. Todo lo que tiene que hacer es antes consultarlo a usted.

—¿Ha estado enferma? ¿sigue todavía mal?

—No... se la ve tan bien, tan juvenil ¿por qué cree que ha estado enferma?

—Usted mismo lo dijo, no es la misma de antes.

—Eso a ella no se le puede mencionar, es lo único.

—¿Lo único?

—Tal vez haya algo más de que ella prefiera no hablar, Larry. Estoy seguro de que ella, igual que yo, prefiere no pensar en algo que pasó... hace algún tiempo.

—Pero eso a usted lo está matando. No recordar tiene un precio muy alto.

—No debe olvidarse de que he trabajado todo el día... Y más aún... hoy es una fecha especial, un día que vamos a recordar para siempre, como un gran reencuentro. Todos los problemas deben quedar... para mañana.

—...

—Veo que ella no se atreve a hacer nada, a dar ningún paso... en la dirección que sea. Tal vez tendría que acercársele y susurrarle lo que debe hacer, sin que nadie se dé cuenta. Sé lo que es eso, a veces la menor indicación me ayuda a encontrar una salida. Y la gente no lo nota, consigo engañarlos, creen que actúo sin titubeos.

—Es buena idea.

—Sí, muy buena... Usted es el único, Larry, en este salón de recibo, tan elegante como acogedor... que sabe lo que hay que hacer.

—Vaya y salúdela, señor Ramírez. Después vendría mi turno.

—Bueno... en cierto modo ya no hay necesidad... porque su madre ya se ha dado cuenta de que usted es el que sabe todas las respuestas... Y por favor... se lo ruego... no le deje notar que ya ella ha cometido un error.

—Si sé todas las respuestas entonces soy el padre de familia, el marido de ella.

—Este tiene que ser el más feliz de los festejos. De modo que hay que tomar todas las precauciones del caso...

—¿Quiere que yo sea el marido de ella?

—¿Por qué dice tal cosa? Usted es el único que puede darnos a ella y a mí las instrucciones correctas, y eso es todo... Y ya verá, hacia el final de la velada, si usted ha sido claro y útil lo suficiente, ella a su vez podrá responderle a todo lo que usted quiera preguntarle sobre el hijo.

—Pero señor Ramírez ¿y el marido? Ella debería estar más interesada en el marido, que en el hijo...

—Está bien... apenas en un susurro... ayúdela... dígale lo que debe saber sobre el marido... Pero dígale la verdad... o tal vez no, dígale lo que ella quiere oír...

130

porque si usted le dice que él es exactamente como ella querría, si usted la ayuda, él... tal vez...

—¿Tal vez qué, señor Ramírez?

—Tal vez él oiga y se comporte como es debido.

—¿De qué modo? ¿Cómo sería?

—Tal vez él escuche.

—Sí ¿pero qué quiere decir con eso? ¿qué pasaría después?

—...

—El padre descarga el peso sobre los hijos, para que ocupen y satisfagan a la madre. Muy probablemente ha consentido en tener tres hijos, para pacificarla, esperando que ella se vuelque sobre ellos, y le exija menos a él.

—Larry, por favor... dígale a ella... qué es lo que no debe exigirle a él.

—No es que ella deba exigirle menos, sino que él siente que no puede afrontar las exigencias.

—Por favor... dígale a él... cómo debe afrontarlas...

—No es fácil, ella no está satisfecha con su rol. Ser ama de casa, y madre no es lo que ella se esperaba. Es una vida muy dura, y además son pobres. Él trabaja muchas horas, y está poco con su mujer.

—Larry, no le recuerde nada de eso a ella. No perdamos tiempo y dígale a él, nada más que lo que tendría que hacer hoy, para que el festejo resulte feliz.

—Él debería dedicarle más tiempo. Hablarle. El tema no importa. Debería sacarla un poco de la casa, a un restaurant, a bailar, al cine.

—Pero me ha dicho que son pobres.

—Sí, pero es importante hacerlo, dar con una solución.

—Pero ella acaba de llegar, y es el cumpleaños del hijo... que es ya hombre... y que espera que el padre diga algo... que haga algo para que todo se vuelva el más feliz de los festejos... para su esposa y su hijo...

—...

—...

—Señor Ramírez, ellos dos hace mucho que no salen juntos... Ella se le queja de sus problemas a él. Y él se le queja a ella de los propios. Están fatigados. Les queda muy poco tiempo. Ese poco debe usarse para recrear la magia de antes. Pero él no la invita a salir. A él no le gusta la gente... o las fiestas. Socialmente es torpe.

—Le he dicho que a ella no debe recordarle ciertas cosas... Por suerte no pudo oírlo... se quedó dormida... Y yo estoy muy cansado también... Me voy a recostar aquí en el sofá, junto a ella...

—¿Por qué no en el dormitorio?

—No, Larry, en el dormitorio no.

—¿La levanto en brazos yo, y la llevo al dormitorio?

—¡No!

—¿Por qué no?

—Ya usted hizo todo lo que pudo por ayudarnos, hoy. Puede retirarse.

—¿No me permite hacer más nada?

—Usted es Larry, el empleado. Y con eso debería estar más que agradecido. Con saber qué es lo que tiene que hacer. Ha cumplido con su deber aquí, por hoy, y ahora puede ir a ocuparse de su gato. Puede ser que esté vivo. Ya no sé cuándo usted me miente y cuándo no.

—El gato desapareció, y lo di por muerto. Pero puede reaparecer en cualquier momento.

—No la mire de ese modo. Sé lo que piensa de ella. Que es como uno de esos pájaros, sin memoria. Pero no es cierto. Mañana al despertarse, si se siente mejor, todo va a cambiar.

—¿Cómo?

—A ella hay que atenderla mucho, hay que ayudarla. Y una vez que se sienta a salvo...

—Mejor que no vuelva mi gato, entonces.

—¿Por qué?

—¿Nunca ha visto algún gato darle un zarpazo a un pájaro y tragárselo entero?

—¡Cállese!... ¿por qué quiere asustarla? si ella lo hubiese oído no habría podido dormir en toda la noche...

—Esa fue mi intención, señor Ramírez.

—Entonces me quedaré toda la noche en vela cuidándola. Yo no voy a permitir que nadie le haga nada. Así cuando se despierte a la mañana todo va a cambiar.

—Otra vez con eso. Nada va a cambiar.

—Sí, porque yo le voy a preguntar una cosa y ella me va a contestar.

—¿Qué cosa?

—Si pudiese velaría toda la noche por ella, porque la pueden atacar, Larry.

—¿Quién, el gato?

—No sea tan molesto. Ella se va a sentir muy agradecida, y no va a saber cómo pagarme. Una de las cosas que me va a decir es que yo la salvé de un trance muy difícil. Y al tomarme las manos notaré que no piensa ya en marcharse.

—¿Qué le hace pensar que ella no piensa ya en marcharse?

—Pero no le dejé entrever que no me acordaba de quién era yo, no le pregunté nada. Hice mal, no debió darme vergüenza, tal vez ella se dio cuenta de todos modos... Pero no quise perturbarla. Y así la dejé que se durmiera tranquila, total ya no había más nada que temer.

—¿Usted cree?

—No hay más nada que temer porque yo la defenderé, aunque me cueste la vida. Pero sí admito que debí haberle hecho la pregunta.

—¿Cuál pregunta?

—Debí preguntarle quién era yo. Pero me dio miedo. A nada le tengo tanto miedo... como a esa respuesta de ella.

—Hoy trabajó mucho y está cansado.

—Se me cierran los ojos de sueño... aunque tendría que cuidarla a ella ¿y sabe una cosa? hoy recibí un regalo... y me gustaría dormirme con él en la mano... ¿Le molestaría alcanzarme esos libros?... son míos, los recibí como regalo...

—...

—¿Por qué se sorprende tanto? ¿no me los quiere dar?

—Cómo no... aquí están... señor Ramírez...

—Mañana... si quiere... echarles otra ojeada... puede volver... y con todo gusto se los prestaré... pero únicamente para mirarlos aquí... Si los lleva a la calle los podría perder, o algo todavía peor...

SEGUNDA PARTE

—¿Lo molesto?

—¿Qué?... Ah, no... ¿es usted, Larry?

—Ajá.

—Pase...

—¿Por qué tan oscuro aquí dentro, no prefiere un poco de luz?

—Como quiera... Puede descorrer las cortinas, no haga cumplidos...

—Perfecto... Sino esto parece una tumba... Bueno, un hospital está ya a mitad de camino.

—Pero hoy es sábado ¿verdad? No entiendo por qué ha venido.

—Para trabajar en los libros, un poco.

—Ah... Es una lástima que hoy no podamos salir. Parece que hay sol, y no hace tanto frío.

—Si quiere salir... yo lo saco...

—Usted bromea. Le participo que mi estado sigue siendo el mismo.

—Un poco de aire le hará bien.

—El médico me dijo que no tengo que alarmarme... si me llevan otra vez a terapia intensiva... A tal punto me encontró repuesto. ...Ellos ahora están preocupados por el modo en que se me disminuyó la vista... Fue esta mañana... creí que era un día nublado... y al enfermero... cuando entró... lo confundí con usted.

—¿Qué le pasa en la vista?

—No le veo más que el contorno... La cara no.

—¿Dónde puso los libros?

—Cuando usted descorrió la cortina pude apreciar la

diferencia de luz. Pero el hecho de no ver muy bien me da un poco de sueño. ...Estaría perfecto hablar con usted un rato... Pronto me voy a quedar dormido y va a poder leer, todo lo que quiera.

—De acuerdo, pero dígame dónde están, antes de que se duerma.

—No... no se preocupe... se los voy a dar. Dése cuenta... ésta va a ser la única oportunidad que se me presente... de conversar con alguien... en todo el día.

—No crea que yo voy a hablar con alguien más, tampoco.

—¿De aquí a la noche?

—Desde el día que fui a Columbia, no hablé con nadie, que no sea usted.

—¿Por qué?

—No me gusta hablar sin razón. Además ¿quién querría hablar conmigo?

—¡La gente! Usted parecería sano, lleno de vida.

—Sano estoy, y lleno de vida.

—Pero, por amor al cielo... no vaya a creer que a mí sí me gustaría hablar con cualquiera. Menos que menos con los jíbaros, como los llama usted. Si algo me gusta de este hospital... es tenerlos lejos.

—Lo que ellos quieren es que usted mejore.

—Pero no lo consiguen. Prefiero leer... ¿Sabe una cosa? cuando lo puedo ver entiendo mejor lo que me está tratando de decir.

—Pero si no los consulta cada vez se enferma más.

—El enfermero me dijo lo mismo esta mañana. Exactamente las mismas palabras. A veces tengo miedo de que la gente me haga bromas... y se divierta desconcertándome... haciéndome creer que son quien no son. ¿Con quién estoy hablando en este momento, con usted o el enfermero? A él no le tengo confianza, realmente.

—...

—Si no habla no puedo estar seguro de que sea usted, Larry, quien ha venido a verme.

—¿Quién si no?

—Nunca jamás me mencionó usted las pandillas.

—¿Qué pandillas?

—Si no hubiese sido por el periódico, no me habría enterado. Habría salido a la calle... sin un arma.

—Me acabo de morder un labio y usted hizo lo mismo. Su vista no puede ser tan mala.

—¿Qué quiere significarme... Larry?

—Hice un gesto de tantos, como morderme el labio, y usted repitió lo mismo, como un mono.

—¿Por qué no me advirtió de las pandillas callejeras? Deben ser aterradoras.

—¿De qué está hablando?

—Son muchachos muy jóvenes, pero violentos, peligrosos. El enfermero me trajo el periódico de la tarde, porque anoche no me podía dormir. Por eso usted debe decirme qué precauciones tomar.

—Yo no le debo decir una mierda. Y es hora que pare de decir "debe". Me irrita.

—...

—Dígame dónde puso los libros.

—Estoy aterrado por esas pandillas. El artículo del periódico estaba lleno de detalles truculentos. Leí ése... y después otro sobre la nueva iglesia católica... Cualquier cosa con tal de olvidarme de esas pandillas.

—Déjeme trabajar en los libros. Son más importantes que esta conversación. Pueden resultar un poco más productivos.

—Suena tan enojado. Quién sabe lo que será su cara en este momento.

—La ceguera es fingida, usted ve bien.

—Anoche me desperté con ese miedo... de que hoy

139

alguien podría venir... y pedirme los libros. A estas horas... ya deben saber que los libros llegaron... Y justamente hoy tenía que suceder, que me fallara la vista...

—Hoy no soy Larry ¿quién preferiría que fuese?

—Nadie... y en cuanto a los libros... nunca los podrá encontrar...

—Métase sus libros donde quiera.

—Vaya grosería.

—Es usted el grosero, Ramírez. Peor que grosero... usted es un maquinador. Y eso no se lo voy a permitir... no me voy a dejar chantagear... Los libros me interesan, pero no al punto de soportarle toda esta mierda... Si no quiere que los use dígalo de una vez.

—¿Maquinador? ¿chantajista? ¿no está algo fuera de mi alcance, todo eso? Carezco del poder para maquinar...

—Tiene la energía suficiente... En pie usted debe haber sido feroz.

—De eso no hay prueba... en absoluto. Y nunca la habrá.

—...

—¿Por qué no conversa?

—¿Dónde leyó eso de las pandillas?

—En el periódico de la tarde.

—¿Qué decía?

—Usted debería saberlo, habiendo nacido en esta ciudad. Jovencitos horrendos sueltos por las calles.

—Para mí no fue así. Usted sabe, un barrio de clase obrera es como un cuartel, la gente va a trabajar, vuelve a la casa, cansada, y se acuesta a dormir. Algunos miran televisión. Limpian el auto. Cortan el césped. Van a la iglesia. Es muy opresivo. Para los jóvenes no había nada. La vida toda estaba organizada en función del trabajo y la recuperación de fuerzas para volver a trabajar. Y el trabajo no tenía lugar en el barrio mismo. Ahí no existía nada entonces, sólo un vacío. Los jóvenes se aburrían enormemente, pero creaban su propia realidad... en las pandillas.

—¿Deshaciéndose a golpes? ¿matándose entre sí?

—No tanto. Se hablaba mucho de peleas... y arrojo, pero las peleas verdaderas eran escasas... aunque sí las había de vez en cuando, para que la idea de pandilla no se perdiese. Nos encontrábamos en esquinas, tarde a la noche, fumábamos, tomábamos cerveza, dábamos vueltas en automóvil, íbamos al cine y a las boleras, hacíamos bochinche, en pos de la aventura.

—¿Aventura?

—Emociones fuertes, algo nuevo. Algo que aparejase riesgos.

—¿Robar, violar muchachas, matar?

—Nunca llegamos tan lejos. Nos gustaba escandalizar a la gente convencional. O provocar reacciones, sacudir esa realidad estancada, aburrida, repetitiva. Algo que probara que éramos diferentes, únicos.

—¿Recuerda alguna de esas reglas que rompió?

—Recuerdo una noche que robamos un autobús de la gasolinera, y manejamos hasta la playa. Fue de lo más emocionante. Las llaves del motor habían quedado en el autobús, y forzamos la puerta. Pusimos al volante al que parecía mayor de todos. Lo peinamos diferente, para que no se notase que era un adolescente. Los demás nos colocamos como pasajeros, mirando por las ventanillas, con cara de gente seria. Los que tenían un sombrero a mano se lo colocaron, y desplegamos periódicos. Cada vez que pasábamos un coche de la policía por el camino, pegábamos alaridos de triunfo. Manejamos hasta la playa, nadamos un poco y volvimos, estacionando el autobús en el mismo lugar de la gasolinera. Pero en sentido contrario. Los comentarios duraron años.

—Entonces no teme a las pandillas.

—La verdad es que no.

—Valentía la suya. Y ya ve, ahora tampoco yo tengo miedo, porque he recibido pruebas suficientes de quién es usted.

—¿Por ejemplo?

—Anoche el médico de guardia me ofreció un cura. Lo rechacé. ¿Usted alguna vez tuvo trato con curas?

—Ajá.

—Me cuesta confiar en ellos. ¿No me podría conversar un poco sobre eso?

—¿No se podría hablar de algo más agradable, deportes o lo que sea?

—Usted bromea pero yo la noche menos pensada me las voy a tener que ver con uno de ellos. Puede darse que pierda el conocimiento y un cura correrá a absolverme.

—¿Cuánto cobran en ese caso?

—Usted no los quiere nada. Por favor cuénteme qué le hicieron.

—No me interesa el tema. Es un anacronismo tan obvio, y reaccionario. Tan fácil de tirar abajo. Como dispararle a un caballo muerto. Aunque la verdad es que tan muerto no está. Y hasta parece haber una nueva iglesia, de parte del pueblo. Eso sí sería novedad.

—Usted me dijo que su padre era buen obrero e iba a la iglesia.

—Mi padre nunca iba a la iglesia. Un pagano total. Eso me gustaba de él, su indiferencia ante la religión. Pero ante la política también era así. Ambas le parecían un embuste, porque ni la una ni la otra tenían que ver con su realidad.

—No se preocupe, Larry. Porque... a todo esto, aquí está la llave.

—¿De qué?

—De ese armario pequeño, los libros están adentro. Guarde la llave. Pero no la pierda.

—La voy a cuidar.

—Pero... si usted continuase contándome algo yo recordaría más todavía... no solamente de mis primeros años, sino de mis primeras salidas, también...

—Ya veo.

—Encuentros... Encuentros felices, estoy seguro de que los hubo.

—Seguramente.

—¿No le gustaría decirme cuáles son las cosas positivas que le pueden suceder a un hombre joven?

—Recuerdo cuando empecé a leer, el goce que me dio. En época de la pubertad. Antes, había leído por supuesto en la escuela, libros de texto. Pero era siempre un deber, y leía solamente por obligación. En la escuela primaria nos llevaban a una biblioteca, una vez por semana, nos obligaban a elegir un libro, sentarnos y leer durante una hora. Y después hacer un informe, para el día siguiente. Todos odiábamos la hora de biblioteca. Recuerdo que tenían unos libros delgaditos sobre América Central, uno por país, Costa Rica, Honduras, Panamá... Eran bonitos, y venían con muchas ilustraciones en colores, pero nunca me gustó leer el texto. Todo eso cambió con la pubertad. Me devoraba los libros después de la escuela, ése fue mi período religioso.

—¿Quién le dijo que leyera libros?

—Nadie me lo dijo, yo los buscaba. En la iglesia había libros. La Biblia, el Libro de las Plegarias. Los curas solían leérnoslos.

—¿Leían en voz alta?

—Sí, durante la misa. Yo era monaguillo. Y a veces servía en una misa de la mañana temprano, de día de semana, sin feligreses, solos el cura y yo. Era un gigantote, con cara de biftec crudo, anteojos con montura de oro, falda roja y unos encajes encima, y el pelo gris cortado al rape.

—Como el suyo ahora.

—La misa era a las seis de la mañana, me tenía que levantar muy temprano, y caminar cerca de una milla hasta la iglesia. A veces hacía frío, y estaba oscuro, pero me encantaba ir, porque el cura y yo quedábamos solos. Nunca venía nadie a estas misas. A veces el cura andaba cansado, y de mal humor, y tenía mal aliento. Recitaba lo más rápido que podía algunos de los rezos, y yo tenía que decir "amén", "amén", "amén"... Pero después venía la mejor parte. Nos desayunábamos en el presbiterio. Para entonces ya se tranquilizaba y hasta se ponía contento. En general compraba un pan más caro que mamá, y tostado era riquísimo. Escuchaba el noticiario de la radio, y me conversaba. Después me iba a la escuela.

—¿No se acuerda, por casualidad, de algo que él dijese?

—Me preguntaba cómo me iba en la escuela. Y me pedía opinión sobre las cosas,como si yo hubiese sido un hombre en miniatura. Eso me encantaba.

—¿Le recomendaba libros?

—No recuerdo. Pero tenía una gran biblioteca. Yo me llevaba libros prestados.

—¿Libros de ilustraciones? ¿novelas? ¿poesía?

—No, libros grandotes de historia, y de religión.

—¿Le daba pena devolvérselos?

—No, siempre podía llevarme algún otro. Una vez me hizo un regalo, un librito negro de letras doradas, con extractos de San Agustín. Lo leí mil veces. Nunca entendí nada, pero yo estaba convencido de que me gustaba.

—...

—En seguida empecé a leer cosas por mi cuenta. Filosofía, Teología, cuanto más arrevesado el libro mejor. Me gustaban especialmente las frases largas y complicadas, con referencias a referencias de referencias. El tema no importaba, era el movimiento que adquiría, la lógica, la belleza, la arquitectura complicada, la estética, que me daban placer. Supongo que lo que estaba emergiendo era mi capacidad de gozar. Pero mamá me tiró todos los libros. Había un capítulo en "El ser y la nada", de Sartre, titulado El Cuerpo. Creyó que era un libro pornográfico y lo tiró a la basura. Todo lo que ella no podía entender, y que a mí me daba placer, le resultaba sospechoso.

—¿Su padre lo creyó pornográfico también?

—Mi padre apenas si podía leer el periódico más popular de la tarde. Y mi madre siempre le echaba en cara su ignorancia.

—¿Quién le daba dinero para comprar libros?

—Yo recibía una mensualidad que solía poner aparte. Y era tesorero del Club de Niños del Altar. A veces metía la mano en la bolsa. A veces también robaba algún dinerito que andaba suelto por casa. Y siempre se conseguía algún libro barato de segunda mano.

—¿Había alguien que le dijese lo que debía leer?

—No, empecé por elegir solo, mis propias materias. Parecían abrirme un mundo ilimitado, de aventuras sin fin.

—Al leer reconozco las palabras, pero en algunas no creo.

—...

—¿No me pregunta en cuáles? ¿por qué no me hace preguntas?

—Yo buscaba un vocabulario, para darle nombre a todo lo que iba descubriendo. La religión me dio el primer vocabulario. Fui intensamente religioso, hasta que la compuerta cedió, y los malos pensamientos empezaron a abrirse paso, en toda su crudeza, sin disfraz.

—¿Malos pensamientos?

—Toda esa estructura religiosa tuvo que desmoronarse. Creí que estaba perdiendo para siempre mi moralidad.

—¿Encontró a alguien con quien discutir esos libros?

—No. Mis compañeros no leían, y me tomaron por excéntrico, un cabeza de huevo. Era el término que se usaba entonces. Derivado de la política de McCarthy. Una palabra peyorativa que se aplicaba a los intelectuales. Circulaba un dibujo de un hombre calvo con anteojos, antideportivo, encorvado. Ése era el cabeza de huevo.

—Un día estábamos frente a aquel árbol, ese muy viejo de la plaza, que me gusta tanto. Pero no sentí ganas de tocarlo. El árbol estaba allí, y podía ir a verlo cuando se me antojaba. No había por qué tocarlo, no se podía mover de allí, y desaparecer para siempre.

—¿A qué viene eso?

—Siga con lo suyo.

—Recuerdo la primera vez que me enamoré, ¡vaya la palabra! de una muchacha. Me dio muy fuerte. Se llamaba Dohrman, como la marca de queso. Se sentaba cerca mío en la clase de inglés, en la escuela secundaria. Tenía pelo largo con rulos, y era muy delicada. Esa dulzura de ella me cautivó, y yo la miraba a lo largo de toda la clase, aunque sin dejar de escuchar al profesor, porque era buen alumno. Buscaba excusas para hablarle en los pasillos, cualquier cosa. Hacía como que me olvidaba de cuáles habían sido los deberes para telefonearle, oírle decir las cosas más comunes era para mí fuente de deleites sin fin. Una sonrisa de ella me hacía derretir. De veras era encantadora, muy dulce, pero quien está enamoriscado le agrega enormemente a la otra persona.

—¿Por que le agrega?

—Difícil pregunta.

—Diga...

—Especialmente con el primer amor, que es como un derrumbarse de fronteras, todo lo que había estado latente, dormido... ahogado, de pronto germina y sale a relucir. Pero hay todo un arsenal de necesidades que ninguna persona sola puede satisfacer. A la persona se la idealiza, con la esperanza de que por medio de ella todas las necesidades sean atendidas.

—¿Las necesidades?

—Sí, las necesidades.

—¿Cuáles son?

—Es difícil describirlas. Primero creí que eran aspiraciones religiosas. Después aspiraciones intelectuales. Después vino la necesidad de muchachas. Se trata de energía más que nada, energía que desborda con la pubertad. Una bomba en el cuerpo... programada para que detone, en un cierto momento.

—¿Sería tan amable de decirme qué son... o eran, esas necesidades religiosas? Luego las intelectuales. En cuanto a las muchachas creo que puedo imaginar de qué se trataba. Se me ocurrió pensar en mi necesidad de cosas dulces, y como usted me dijo que la muchacha era dulce, hice la asociación. ¿Tiene sentido o no?

—Sí, es como la necesidad de dulces. Muy parecido, es algo que el organismo pide, para devorar en cantidades enormes. Un ansia insaciable. Gula. Sin eso algo nos está faltando, una parte importante de nosotros mismos.

—¿Qué parte es la que falta?

—No es una parte específica. Pero se siente como si una herida estuviese abierta, que uno está incompleto, que no se puede hacer nada hasta que esa necesidad sea atendida. Se parece mucho al hambre. Usted puede muy bien darse cuenta.

—Las necesidades religiosas no son como el hambre, entonces.

—En la pubertad eran como el hambre. Eran voraces. Pero todo se desvaneció a los trece años, ciertas imágenes se transformaron en otras.

—¿Podría nombrarme una imagen en especial, que se convirtió en otra?

—No, no puedo.

—¿Cuál era la primera imagen de todas?

—No sé, Dios y Cristo son hombres, señor Ramírez.

—¿Qué sentía usted por ellos dos?

—Amor y admiración por la figura de un hombre, y llegó la hora en que quise trasferirlo todo a otra figura, diferente. A un cuerpo real, con pelos y todas las imperfecciones, a una mujer que debía sustituir a criaturas etéreas con túnicas blancas. Los niños pueden concebir a las deidades sólo con apariencia humana, y la relación con Dios es siempre la relación con un hombre, un hombre poderoso.

—¿Un hombre joven?

—No, un hombre viejo, poderoso pero amantísimo, que se encariña con nosotros cuando negamos nuestra individualidad, cuando nos borramos ante él, luchando contra los impulsos propios. La religión está al servicio de la represión, pero esperamos ser recompensados por nuestros sacrificios, recibiendo una versión cambiada de lo mismo que fue reprimido.

—De las pinturas religiosas en los libros me gustan los niños, los ángeles, y tal vez Cristo en la cruz, pero no cuando está en pie, y las mujeres, especialmente cuando están llorando porque Cristo lleva la cruz, o está ya crucificado.

—¿Y esas pinturas medioevales voluptuosas, señor Ramírez, en que María amamanta a Jesús?

—No las he visto, recientemente.

148

—A mí me gustan. Especialmente la sonrisa de satisfacción en la cara de la madre. Eso es algo que nosotros los hombres nunca conoceremos.

—¿De niño quería ser uno de esos ángeles? ¿o quería ser Jesús crucificado, centro de toda la atención?

—Al principio tan sólo uno de los ángeles. Después alguien en especial, señalado por Cristo, por su bondad, que más tarde suplanta a Cristo o se vuelve Cristo mismo... en virtud de su generosidad y sufrimiento. Pero así me convertía nada menos que en el hijo de Dios, y Dios y todo el mundo me miraban favorablemente. La aspiración religiosa responde a la psicología del sufrimiento. Sufriendo tan bien, tan pacientemente, tan desinteresadamente se alcanzaría la protección y la admiración de Dios.

—¿Qué le dice Dios al hijo?

—...

—¿Qué hacen a lo largo de todo el día?

—...

—¿Dijo usted bien la protección de Dios?

—Sí, la promesa de que no se va a enojar, o de que no va a castigarnos, como la Mafia, esa clase de protección. Como la de mi padre.

—Usted también mencionó la admiración de Dios ¿cómo sería eso?

—Me miraría con benevolencia. Me permitiría existir, no me destruiría. Restringiría su poder, y me permitiría ganar la admiración de todos. El castigo y el sufrimiento equivalen a decir "por favor papá no me pegues, mira como yo me golpeo y me castigo solo".

—Cuando le pregunté sobre esa protección contestó simplemente "la promesa de que no se va a enojar". Después le pregunté sobre la admiración y usted dijo... "no me destruiría". O se equivoca el diccionario o se equivoca usted... en cuanto al significado de ciertas palabras.

—Sí, antes dije que Él me miraría con benevolencia. Pero usted tiene razón, la parte de admiración es secundaria, lo importante es la protección. Protección de su propio poder. Como la Mafia.

—¿Qué le dice Dios a su hijo?

—La verdad es que nunca me pensé como Dios mismo. Y con un hijo que mandonear.

—Imagíneselo, no se detenga. Imagínese un día en la vida de ambos.

—¿Un día en la vida de Dios y su hijo?

—Sí.

—¿De dónde saca esos temas?

—¿Se levantan temprano por la mañana?

—Generalmente a las seis y cuarto, señor Ramírez.

—Son las seis y cuarto, empieza el día.

—...

—¿Qué tiempo hace?

—Es un día hermoso, señor Ramírez. ...Levántate, hijito. ¿Quieres un poco de café?

—...

—Al chico le cuesta despertarse. Quiere dormir un poco más, da media vuelta y vuelve a cerrar los ojos. El padre le sacude los hombros, con rudeza. Empieza a hablar en voz muy alta. Lo obliga a levantarse. Le hace tomar una ducha fría. Y desayunarse fuerte. Lo obliga a empezar el día.

—¿Qué hay servido en la mesa?

—Comida sana. Cereales, pan, fruta... y jugos. No hay dulces. ...El padre es agresivo, extrovertido, seguro de sí, no tiene dudas, no se cuestiona, no le sobra sensibilidad. Es seguro de sí y comunicativo.

—¿Cómo está vestido?

—Sencillo, con pantalón y camisa. ...El hijo es más tímido. Le ve cinco patas al gato, titubea.

—Es prudente, entonces.

—Parecería que sí. Pero en realidad no. Sus actos contenidos redundan en un aumento de sensibilidad. No le gusta la seguridad en sí mismo del padre, su aplomo. Cree que la vida es más complicada, de trama más sutil, más rica, y en secreto critica al padre, por simplón, por unidimensional, preocupado por el poder y nada más, sin interés por otros aspectos de su propia vida y la de los demás. El hijo rechaza los propósitos del padre, sus valores, y por dentro se siente superior. Pero no puede actuar. No puede tomar decisiones.

—¿Cómo demostrará Dios a su hijo que lo que se produjo no es más que un malentendido?

—¿Qué malentendido?

—El hijo tiene una idea equivocada de Dios, alguien le ha contado mentiras y se las ha creído.

—...

—Esa mañana la pasan maravillosamente, Larry, nada me gustaría más que recordarla, en su totalidad.

—¿A qué mentiras se refirió usted, señor Ramírez?

—Las vamos a descubrir, si nos mantenemos atentos a lo que va a suceder.

—¿Qué va a suceder?

—Larry ¿dónde van ellos dos?

—Salen a mirar el reino. Para ver en qué andan los Judíos, y todos los demás, para catalogar los pecados, Sodoma y Gomorra, abrir manantiales, dictar los Diez Mandamientos, crear catástrofes, inundaciones... Gobernar.

—...

—Ésa es la religión. Una obsesión con el poder. Poder que ninguno de los creyentes tiene, pero que en Dios adoran. Y Dios camina de la mano del hijo, mostrándole todo ese caos de mierda, y diciéndole "Un día tendrás que limpiar todo eso. Tú solo".

—...

—"Te voy a mandar a esa cloaca. Tú pondrás el orden necesario." El hijo no quiere ir, pero el padre lo obligará. El hijo preferiría quedarse, bajo la protección del padre.

—El padre le permitirá quedarse, la mañana no ha terminado aún. Todavía tienen tiempo para pasarla bien.

—...

—¿Qué harán? ¿jugarán a algo? ¿leerán juntos?

—Al padre no le gusta leer, señor Ramírez.

—¿Usted cree que el hijo descubrirá la manera de complacer a Dios?

—La manera de complacer a Dios es marcar el paso y hacer lo que manda, sin traerle problemas, sin provocar desorden, marcar el paso y basta.

—¿Qué le gusta hacer a Dios?

—Tiene algunos pasatiempos tontos, arreglar cosas, nada que requiera demasiada habilidad, o que tenga demasiada significación, o trascendencia.

—Tal vez le gustaría que le enseñasen... cómo hacer algo significativo, o trascendente.

—Tal vez sí.

—¿Qué podría gustarle... que le enseñasen?

—No sé. Es de alcances limitados. También él está atrapado, en su círculo reducido, y en su propia frustración. Y al no poder soltar amarras, descarga sobre el hijo su rabia e irritación, cuando éste actúa independientemente. Dios es autoritario.

—Los demás niños, entre ellos, se están divirtiendo mucho, ¿cuál es el primer juego que deberían enseñarle?

—Es terriblemente difícil, cambiar a un hombre que ya está formado desde hace tanto tiempo. Enseñarle algo de esa índole, podría destruirlo.

—Él quiere pasarla bien, Larry, lo necesita, es posible que se muera pronto, está viejo. O no, peor todavía, es inmortal, debe seguir viviendo. ...¿Qué hacen por la noche?

—¿Ya da por liquidada la mañana?

—Ya pasó. Ha caído la noche y queda poco tiempo. Es preciso hacer algo para transformar este día difícil y sombrío en uno feliz.

—Usted siempre está pendiente de la felicidad. Y la felicidad no es un artículo que abunde.

—¿Qué cara tiene él?

—¿La cara de Dios?

—Sí.

—Es recia, con arrugas. Pero también suave, y tiene facciones grandes. Una cara fuerte y suave. Dura y amable. Ambas cosas me gustaban, era amigo mío. Había algo más que esperaba de él, algo más, pero no sé qué era. Nada que él me habría negado, él no podía dar mucho, porque no tenía, pero era de una gran bondad, y eso importaba mucho. No sé qué es lo que esperaba de él.

—¿Usted se imaginó a Dios con la cara de alguien ya conocido?

—Tenía ojos celestes. A veces la mirada resultaba dura y fría. La nariz grande, mejillas y mentón pronunciados. Se estaba quedando calvo, tenía manos grandes y peludas.

—¿En qué momento la mirada resultaba dura y fría?

—Era imposible de prever. Ahí estaba el problema. Él tampoco sabía el por qué de esos cambios, parecían arbitrarios, antojadizos. No lo comprendíamos. Lo queríamos pero no lo entendíamos. Lo queríamos mucho, pero nos defraudó.

—¿Habría algún modo de hacerlo feliz esta noche, con algo, con un juego que también a usted lo hiciese feliz, antes de que fuera hora de dormir?

—...

—¿Había algo que les gustaba mucho a los dos, de veras mucho?

—...

—¿Algo que les gustaba hacer juntos?

—Tal vez si me hubiese llevado a alguna parte, solos, sin mi madre, a algún lugar nuevo, donde sentirnos bien juntos, y si hubiese compartido más de sí mismo, todo habría sido más fácil.

—Creo que no queda mucho tiempo, es tarde, Larry, habrá que ir a dormir muy pronto. Por favor, hay que hacer algo de inmediato, para que el día...

—No hay por qué afligirse, seguiremos viviendo, sin necesidad de ser felices.

—Mi caso es otro, Larry. Me queda muy poco tiempo. Le ruego que me diga qué hacer para complacerlo.

—Ya se lo dije. Marque el paso. No cause problemas. Así lo complacerá.

—No fue mi intención causar problemas.

—Por lo que he visto de su diario personal sí causó un montón de problemas. Fue algo de veras magnífico.

—Usted está tratando de confundirme.

—No. Admiro lo que hizo. Le hizo frente a una entera maquinaria represiva.

—No quiero causar problemas, lo único que quiero es que los ojos de él cambien... Me están mirando...

—Usted quiere que él lo mire bien, que le sonría... ¿pero para qué necesita de un padre? Usted puede hacer de su vida lo que quiera.

—Me estoy quedando dormido, me siento exhausto... Si quiere empiece y trabaje con esos libros, no me va a molestar...

—Muchas gracias... De veras se lo digo.

154

—No soy nadie, para que me agradezca tanto... yo no he hecho nada.

—Señor Ramírez, permítame ser sincero con usted. Me da asco verlo así, débil y patético. Es absurdo... usted le hizo frente a vicisitudes increíbles, era alguien de veras muy fuerte ¿qué se hizo de esa persona tan fuerte? Me gustaría conocer a esa persona, y hablarle... No a este sustituto. ...Usted no es el señor Ramírez... ¿Dónde está, qué se hizo de él? ¿Quién es usted?

—...

—Usted le hizo frente al enemigo, no rehuyó la batalla...

—No quiero causar problemas... Si lo hiciese, él me volvería a mirar con esos ojos duros y fríos...

....

....

—¿Qué hace usted aquí?

—Nada, trabajando con sus libros. Se quedó dormido de un momento para otro.

—Ah... perdón.

—Durmió más de una hora.

—No me di cuenta. Es que anoche no dormí casi.

—Además no quería admitir lo que yo le estaba demostrando, sin lugar a refutación posible, por eso cortó el tema. Bueno, sigo trabajando en esto.

—No... por favor, no...

—¿No qué?

—Converse un poco.

—Entonces sigamos con el mismo tema, señor Ramírez.

—Dígame todo lo que piensa. No se calle.

—De acuerdo. Usted trabajó muy duro en su profesión ¿no es así? Se me ocurre que era abogado en principio, especializado en leyes laborales, algo así. Seguramente fue muy empeñoso, diligente, minucioso, por la manera de llevar las notas aquí, por la manera de leer la Enciclopedia, se ve que tiene entrenamiento académico, como yo. Y esos hábitos de trabajo fueron adquiridos, y con esfuerzo, y hasta dolor. Pero llegó el momento en que empezó a querer a su trabajo, ya no le resultaba doloroso; lidiar con libros y abstracciones, y tópicos ajenos a la vida diaria, se le tornó placentero, confortable. ¿Acaso no fue así?

—Supongo que sí ¿pero qué habría de malo en ello?

—Es bueno trabajar, pero lo bueno puede volverse peligroso, puede seducirnos. Porque es bueno y redunda en logros, en conquistas, y porque está desarrollando una tarea socialmente válida, la mente aprovecha para así desentenderse de otros quehaceres dolorosos o difíciles. Se sacrifica a la familia en nombre del trabajo. Usted se desentendió de su esposa e hijos, y de las carencias diarias de ellos, de los reclamos de ellos. Y eso ahora no lo deja vivir en paz.

—Usted está inventando. No tiene cómo saberlo.

—Está escrito por su propio puño, en el diario de la prisión.

—Invento suyo. Era su padre quien no le prestaba atención. O mejor dicho... lo único que sé es que de eso lo acusa usted. Me gustaría oír la versión de él.

—Usted se declara inocente, pero se siente culpable. Por algo será.

—Estoy asustado, lo cual es diferente. No tengo casi fuerzas para defenderme.

—Es culpable, por eso está asustado.

—Ése será el caso suyo. Sí, Larry, ése es su caso. ¿De qué se siente culpable?

—...

—Si me dice de qué es culpable, tal vez yo logre recordar mis propias faltas. Las admitiré sin avergonzarme. Pero para todo ello necesito de su bondad.

—Ya se lo dije, soy culpable de desear a mi madre, de querer quitársela a mi padre, de no importarme por la suerte de él, de echarlo a la calle, de abandonarlo, de dejarlo perdido y muerto de hambre, de matarlo, de lo que sea, con tal de apartarlo para siempre, alguien a quien también amé mucho, pero que lo mismo quise destruir, para poder satisfacer mis necesidades. Quitársela a él, ella que era de su propiedad, según él, y empuñar lo que por derecho me pertenecía.

—A la menor insinuación usted sale con ese cuento. Está siempre listo para repetir lo mismo, ya tiene las frases hechas. ¿Es eso lo que le cuentan los jíbaros para sacárselo de encima? ¿o lo repite por diversión? ¿no le parece que en vez de divertido es inexacto y desagradable?

—Ellos dicen que el problema es ése, y yo tiendo a creerles.

—¿No hay nada más desagradable en el mundo que se le pueda ocurrir? ¿o sí hay algo todavía peor?

—Cuando era niño mi madre me hizo otro cuento. Me dijo que recién nacido era muy flaco y feo, que parecía un mono, que me crecían unos pelos largos de la nuca, que era tan feo que tanto ella como mi padre me tenían asco, pero que de lástima no me tiraron a la basura. Un día volviendo de la escuela dos muchachitos me pasaron al lado y se rieron, y me dijeron que parecía un mono. Me sentí muy herido, y les contesté que no era cierto. Mi madre me había hecho el cuento pocos meses antes, y esto parecía una confirmación.

—¿Es eso lo más aterrorizante que se le ocurre?

—Estoy seguro de que hay otros terrores. Muy profundos.

—...

—Hay una película, la del increíble hombre encogido. El hombre está en un yate, un yate pequeño, en viaje de placer, y tiene que atravesar una niebla, o neblina, que de repente se desprende del agua. Es una gran película. Todo empieza ese domingo de sol. Él está con un amigo, feliz de la vida. De un momento para otro aparece esa nube, y tienen que atravesarla, y dicen "qué cosa rara ¿qué será?". Él está casado con una mujer muy bonita, también él es bien parecido. Una pareja perfecta, muy afiatada en términos de inteligencia, belleza y tamaño. Un hermosa pareja, y muy feliz el uno con el otro. Hasta que él empieza a notar que la ropa le va un poco grande, el cuello de la camisa demasiado holgado, el traje algo bolsudo. Lo atribuye a una pérdida de peso. Pero después se produce el siguiente encogimiento y nota que los puños le cubren casi la mano. Y al lado de la esposa se ve más bajo. Llegado a ese punto se desata la angustia. La esposa se muestra muy comprensiva en todo momento, y constantemente le da prueba de su cariño, mientras que él está muy perturbado, se irrita por todo y se desquita con ella. Él va y busca el consejo de un médico. En cierto momento tiene que protegerse de un gato, que en comparación es gigantesco, como un animal antediluviano. Es como si le arrebatasen la masculinidad, porque la esposa está siempre presente cada vez que algo lo humilla. Y el asunto avanza hasta que él se vuelve diminuto, pero después el proceso se revierte. La cuestión es que uno se asusta de veras, es como la materialización de un estado depresivo, en el que todos nos reconocemos.

—Yo no deseo a mi madre. Quiero recordar su cara. Quiero tocarla ¿significa entonces que la deseo?

—No sé.

—¿Cree que también mi hijo quiso matarme?

—Sí. Mi padre no era un hombre como usted, era un obrero, iletrado, que no sabía expresarse, un hombre simple, tonto incluso, y la idea de desplazarlo producía una culpa enorme. Imagínese la culpa de su hijo, al querer desplazar a un hombre como usted. Un hombre cuyas cualidades él seguramente no se creería capaz de emular. Y no obstante él intentó desplazarlo.

—Sabe una cosa... esas supuestas notas que ha estado leyendo... yo no creo una sola palabra de lo que dicen... Esas palabras pertenecen a una novela, muy vieja además. Usted las lee y ve en ellas lo que quiere... Y no se trata de una acusación... Le estoy muy agradecido por sus esfuerzos.

—...

—Usted llega a mentir con tal de no hacerme sentir inferior. Sé de la superioridad de sus padres. Conozco los errores que los míos cometieron, y me deleitaría oyendo todos los errores que sus padres no cometieron.

—Pareciera ser que cometieron todos los habidos y por haber. Son muy pocos los buenos momentos que recuerdo.

—Me tiene demasiada consideración. No puede exhibir sus riquezas, sus anécdotas más queridas. Pero propongo una solución, cuéntemelas como si fueran mías. Cuénteme de mis padres maravillosos.

—...

—...

—Está bien, señor Ramírez.

—Primero mi madre.

—Hubo un día en que su madre lo llevó al zoológico. Ese día ella estaba muy contenta. Se vistió para salir, se peinó bien, y se pintó. A usted le parecía que estaba muy bonita. Ella no hacía más que sonreír, no podía dejar de hablar. Charlaron de una cosa y de la otra. Eso era lo que más le gustaba a usted, cuando de veras le hablaba, como ahora veo que algunas madres hacen con los hijitos... en el autobús o el subterráneo. Ella y usted iban al zoológico, y tomaron el tren subterráneo al Bronx, una

159

línea subterránea muy larga, pero ella no se impacientaba ni protestaba, porque seguían charlando sin parar.

—¿Sobre qué?

—Recuerdo que usted le pidió un pañuelo para soplarse la nariz, y goma de mascar. Ella abrió la cartera y le dio lo que le pedía. "Mamá ¿me das un pañuelo?"... Ella estaba contentísima y usted no sabía por qué, se sentía encantado nomás, de que ella estuviese feliz con usted solo, de que usted fuese buena compañía, y verla así a gusto.

—Yo no recuerdo ese día feliz, le ruego que me cuente más.

—Después caminaron por las calles de Manhattan. Iban tomados de la mano, y ella seguía riéndose y hablando.

—¿Por qué ella estaba así, ese día?

—Ustedes dos eran como socios en algo.

—¿Le gustaban los dulces a ella?

—Una única vez más usted recuerda haberla satisfecho. Un día de lluvia, en un departamento pequeño que tenían. No podían salir por la lluvia. Ella se le quejaba del dueño del edificio, de la falta de calefacción, del alquiler alto, cosas así. Pero las quejas no importaban, importaba que le estuviese hablando, confiando en usted, compartiendo cosas con usted. De a ratos usted se iba a jugar con algo en el suelo. Después volvía a la cocina a picotear algo de la heladera y charlar un poco más. Se estaba muy a gusto ese día, afuera lloviendo y ustedes dos adentro.

—Creí que estábamos viviendo en una casa.

—Antes de la casa vivieron en un departamento. Esa misma noche su padre llegó a casa con un regalo. Creo que era un disco, tal vez mi primer disco. Yo estaba entusiasmadísimo, saltando de contento.

—*Mi* primer disco, y *yo* estaba entusiasmadísimo. Saltando de contento.

—Seguramente usted lo abrazó y lo besó por el regalo. También él estaba contento. Los dos estaban contentos. Debió darles placer verlo tan feliz con algo que ellos le habían dado. Recuerdo cómo lo miraban, los dos estaban contentos... y evidentemente las cosas andaban bien entre ellos, porque esa felicidad irradió sobre usted también. Un recuerdo muy viejo, esas alegrías eran tan escasas, pero sí, había veces en que los tres eran felices.

—¿Qué disco era?

—Usted siempre pregunta los detalles más bobos.

—Entonces cuénteme cuál fue el mejor regalo que él me dio en mi vida. No logro recordarlo.

—...

—Veamos Larry... no tiene por qué ser un regalo concreto, puede haber sido un consejo que me dio. Por lo menos recordará ese consejo, el mejor de todos.

—Créame, los consejos no importan. Las palabras no importan. La inteligencia no importa.

—¿Entonces qué?

—Es la sensación que recibe el hijo. De haber satisfecho a sus padres. Todo lo que sienten por él y por ellos mismos... es captado por el hijo, que se confunde y piensa que eso es su propio rostro, lo que él está viendo al asomarse a una cloaca.

—¿El hijo se ve a sí mismo, reflejado en el agua podrida de la cloaca?

—Y es con esas luces y sombras que debe construir su alma. No con un consejo de mierda.

—Quiero tocar a mis padres ¿sería prueba suficiente de que los quiero?

—Sí.

—¿Dónde debería tocarlos, para que estuvieran contentos conmigo?

—Donde sea.

—Usted me oculta cosas, sé que hay errores que debería evitar.

—Nunca le he dicho tantas cosas a nadie.

—Le ruego que no me deje cometer errores.

—Los cometerá fatalmente.

—Quiero tocar a mi madre.

—Está muerta. Está muerta desde hace mucho tiempo.

—...

—Pero la lleva dentro, en alguna parte dentro de usted, señor Ramírez.

—No comprendo lo que usted me dice, lo único que quiero saber es si puedo tocarla.

—No simplifique tanto todo, las cosas no son tan simples.

—Quiero besarla donde están sus pensamientos, en la frente... y donde está su corazón... Y la mano de mi padre... quiero besarla... porque su mano está cansada... de quitar el troquel... y levantar los papeles, y colocarlos a un lado...

—...

—¿Le gustaría a mi madre que la besase donde están esos pensamientos de ella, tan bondadosos?... ¿y allí donde están esos sentimientos tan tiernos de ella... ahí en su corazón?

—No entiendo de qué habla.

—Mi padre me trajo un disco de regalo, usted me lo acaba de decir. ...Lo cual significa que también hay pensamientos bondadosos en su frente... Y debería besar el corazón de mi padre... por haberla amado... y debería besar el sexo de mi padre... por haberme dado la vida... Mi padre me dio la vida... Él me hizo a su imagen y semejanza... ¿Pero por qué? ¿por qué lo hizo?

—Él no tenía idea de usted. No pensó en usted.

162

Nunca.

—Y yo debería besarle las manos a ella... también sus manos están cansadas... ha estado trabajando todo el día... en la casa... y debería besarle el vientre, donde me llevó... y el sexo de ella... que me dio a la luz... ¿O significaría eso que la estoy deseando mal, según ese sistema suyo de psicoanálisis sintético? ...Después de oírle tantas mentiras sobre mi modo de desearla mal ya me estoy sintiendo culpable sin ninguna razón. Usted está minándome la mente, deliberadamente.

—Pórtese bien, o vendrá la Mafia y lo interrogará.

—¡Por favor! no vuelva a pronunciar esa palabra. Me asusta tanto...

—¿Por qué?

—Por lo que he leído, evidentemente. Siempre hay alguna referencia terrible en los periódicos. Se me ocurrió que podrían venir a interrogarme, por alguna razón, y no creerían que perdí la memoria. Parece que no tienen piedad, son implacables, como en el Juicio Final. Es posible que me acusen de algún crimen, que tengan sospechas, ¿pero de qué crimen?

—...

—¿Y a usted de qué lo acusarían? Si me lo dijese entonces yo recordaría, como siempre, de qué he sido acusado yo...

—No está dirigida a un objeto concreto, pero está allí, y lo invade todo. Usted sabe que es culpable, pero no sabe por qué. También usted la lleva adentro, señor Ramírez. Es por eso que siempre está imaginando que alguien le va a robar, o le va a espiar sus anotaciones. O robar sus libros. El objeto a que está dirigida ha desaparecido y el acto original está olvidado pero la culpa se extiende sobre su vida como una mancha de aceite.

—La noche es oscura. El cuarto del hospital también. El cuarto del Hogar es menos oscuro, tiene ventana más grande. Larry entra por la ventana del Hogar, de noche, para asustar. Las horas más oscuras son las primeras de la madrugada. Está prohibido mirar el reloj durante la noche, si son las cuatro de la mañana faltan tres horas y media para amanecer, si son las dos de la mañana se está más cerca de la noche anterior que de la mañana siguiente. "La soledad es mala consejera", dijo un día la enfermera de Virgo ¿con buena o mala intención? A Larry no se le puede preguntar porque tampoco él lo sabe. La vigilancia de la puerta central es implacable, para que no se tema el ingreso al hospital de gente malintencionada. Imposible descolgarse por la ventana de un piso decimoquinto, si son las dos de la mañana se está más cerca de la noche anterior que de la luz del día.

—Usted y sus quejas.

—¿Eh...? ¿qué hace allí?

—Aquí estoy, dormía tranquilamente echado sobre la alfombra, cuando usted me despertó con su letanía.

—Una de estas noches me va a matar definitivamente de un susto.

—No se haga el niño.

—¿Por dónde entró?

—No sé. ¿Para qué perder tiempo en detalles sin importancia? Tenemos cosas mucho más urgentes que tratar.

—Sin duda.

—Ahora que me tiene delante ¿recuerda a este animalito? lo vimos juntos un día.

—Encienda la lámpara, la de luz menos hiriente.

—Ya... ¿lo reconoce o no?

—Sí... claro...

—Veamos, señor Ramírez. No me vaya usted a mentir.

—No tengo por qué mentirle... Lo recuerdo muy bien, es el perro de aquella mujer de la plaza Washington, la que sonreía y llevaba un niño además.

—Diez puntos.

—Me impresionó por lo blanco y lanudo.

—No haga gestos tan amplios, recuerde que está en carpa de oxígeno.

—Ah, sí... sí... es cierto, no me había dado cuenta...

—Habrá sido durante la noche... su respiración afanosa seguramente alarmó al médico, y le volvieron a colocar la carpa.

—El médico y sus enfermeros. Curioso que no hayan tropezado con usted y el perro.

—¿Por qué tiembla así?

—Tengo un frío tan grande, sobre todo mis pies están helados.

—¿Quiere otra manta?

—Me la han negado, y no hay otra en el armario. Además no es posible llamar al enfermero de turno porque descubriría su presencia.

—La alfombra estaba tibia, yo dormí muy a gusto, señor Ramírez.

—Este perro tiene ojos de bueno.

—Sí, y usted le ha caído bien. Por eso es que se le acerca. ¿Verdad que huele a muy limpio, a lana abrigada y suave?

—Sí, es verdad.

—Es un buen animal. Fíjese en el modo tímido con

que se le acerca. Tiene las patas impecablemente limpias, y de su hocico sale un aire cálido, un vaporcito que no huele a nada, como un buen aparato de calefacción.

—Ha puesto suavemente una pata sobre mi cama, como pidiendo permiso.

—Si usted le acaricia detrás del cogote él se dará cuenta que es bienvenido y colocará la otra pata también.

—Debajo de los pelos del cogote se siente el cuero tibio.

—El animal está protegido por su lana, las cuatro patas están limpias y al montarse sobre el cubrecama no lo ensucia en absoluto, el animal es bastante liviano y sí calentito, se extiende alrededor de los pies de usted y se los abriga sin pesarle, muy pronto dejará de sentir frío.

—Es como una manta de piel, muy blanca. En extremo agradable.

—El animal tal vez apreciaría una caricia suya, en señal de aprobación.

—Pero Larry... ¿No se ha dado cuenta que desde que le empecé a sobar el cogote no he dejado de mimar a este animal tan manso?

—Tan sólo me preocupa la dueña, estará pensando que su animal se ha perdido.

—Y el niño, también el niño debe echar de menos a este animal tan bueno.

—...Pero mire, Larry, se trata de una hembra... mire esas ubres todavía rosadas de haber amamantado a sus cachorros.

—Es verdad. La dueña llevaba a este animal a pasear, junto con el niño, aquella mañana tan fría. La dueña sonreía.

—La perra me mira con el hocico abierto, y las orejas paradas, y los ojos brillantes. Me muestra los dientes, que es lo mismo que hace la gente al sonreír.

—Si usted se atreve, saque una mano fuera de la carpa y acaricie al animalito, es lo que espera de usted.

—¿Acaso antes no lo acaricié?

—¿No oye como se queja esta pobre perrita? ya está algo vieja, y cansada, mucho más cansada que usted, señor Ramírez.

—¿Más que yo todavía? eso me suena a disparate.

—Esa perra es mucho más vieja que usted, estoy seguro, por los dientes sé decir la edad de los animales.

—No me atrevo, a sacar la mano.

—La perra está gimiendo lastimosamente, pobrecita.

—¿No la molestaré, con mi mano tan fría?

—Me arriesgaría a decir que no, señor Ramírez.

—Qué pelo tan suave. Me parece ya haber acariciado antes, a este animal... Hace muchos años. ...¡Sí! ¡ahora lo recuerdo! Alguien me llevaba de la mano a la plaza. Allí está ese árbol tan antiguo. Y me llevaba ella de la mano, esa mujer, la que me sonreía, y me aseguraba que nunca jamás en la vida me iba a abandonar. Y estaba nevando, pero yo había insistido tanto para que me llevara a la plaza. Y era tan hermoso ver todo blanco de nieve y la perra igual de blanca. Y en el momento en que esa mujer me juraba que nunca me abandonaría, cayó muerta.

—No es cierto. Usted tiene miedo siempre, e imagina cosas.

—Yo no tengo frío en la nieve, no me estoy quejando ¿por qué me regaña?

—Usted siente frío y hambre.

—Nada de eso, porque las ubres rosadas y suaves también están tibias y la leche me calma el hambre.

—Ya no gime, está satisfecha con sus caricias.

—Ya no soy un niño, Larry, no puedo beber de las ubres, ella no me dejaría.

—Tampoco ella tiene más leche que darle, están próximos sus últimos días.

—Larry... oigo un rumor, como si alguien estuviese arañando a la puerta.

—Es cierto, veamos quién es...

—Qué curioso, otro perro de la misma raza. Está herido...

—No, renquea, pero es de viejo. Y este es macho. Y tan viejo como la hembra.

—Pero tiene las patas sucias, no quiero que se suba a la cama.

—Esta raza es tan mansa, no hay que temerle. Aunque este animal sí que ya está moribundo, nunca vi a un ser más cansado.

—Tal vez este oxígeno, lo reanimaría...

—No, usted es tanto más joven, señor Ramírez, si uno de ustedes debe morir, que sea el más viejo.

—Me da mucha pena, Larry, ese perro. Tengo muchas ganas de acariciarlo. Tráigamelo más cerca.

—¿Aunque le ensucie esa cubrecama tan blanca?

—No importa...

—Es una pareja de toda la vida, evidentemente.

—Larry. Yo sé que quiero a este perro porque tengo muchas ganas de acariciarlo. Y mientras lo acaricio me estoy dando cuenta de muchas otras cosas.

—¿Cuáles?

—A usted imposible explicarle. Pero el perro me entiende, y con eso me basta. La perra está dormida. Sabe que es éste el momento en que tengo que acariciar al recién llegado.

—¿Esta puerta se cierra por dentro?

—No, Larry, no tiene pasador...

—Entonces estamos perdidos... Oiga esos pasos...

—¡¿Por qué?! nunca se había puesto pálido de miedo... ¿quién se acerca?

—Usted tenía razón... y yo me resistía a creerle, perdóneme tanta insensatez... ahora ya es tarde...

—Larry, también yo oigo pasos... ¡¡No!! son hombres feroces y con el crimen escrito en la frente...

—No son los adolescentes de una pandilla...

—Son gente asesina, el interrogatorio es sólo una farsa.

—Tal vez era cierto lo que usted decía de la Mafia.

—Son asesinos, Larry, eso es lo único que importa, de qué bando no viene al caso.

—Lo miran a usted, es a usted que buscan, a mí me han empujado a un rincón. ...¡Pero qué salto certero, ese perro que parecía ya sin fuerza!

—Ya lo ha volteado al más temible de ellos... ¡y le ha mordido, le ha hincado esos dientes todavía fuertes y filosos en la yugular inmunda!

—Y la perra... más feroz aún pareciera... los tiene paralizados a los otros dos... no aciertan a nada... ni siquiera a escapar... y ya el perro se lanza... la hembra los mantiene quietos y así el macho toma puntería, y envión, y los desangra, uno a uno...

—Sí... ya están casi moribundos... los dos defensores empujan los cuerpos inertes fuera de este cuarto... todo está nuevamente en orden...

—Pero es la última hazaña de ellos, Larry, oiga como respiran afanosos, son dos pobres perros viejos, que me han defendido, como a su cría.

—Señor Ramírez... tal vez el oxígeno los reavivaría...

—El médico dijo que no dejase la carpa ni por un instante...

—Señor Ramírez... Ya se están muriendo... Son ya estertores y nada más, ambas respiraciones...

—Larry... acerque a la perra... primero a ella... a ver si se salva... me da mucha pena pensar que se pueda morir... prefiero arriesgar yo la vida...

—Sí, yo se la acerco...

—Y en seguida que se reanime acérqueme al perro...

—No... no... ¡¿qué es esto?!

—¿Acaso estaba la ventana abierta?

—Un salto al vacío... desde el piso más alto...

—¡Y el macho la sigue!... Larry, no es mía la culpa... ¡no me mire así!

—Ya sé que usted quiso salvarlos...

—Se sacrificaron para que yo pudiera vivir...

—Esos pobres animales sabían cuidar a su cría.

—Ah... es usted... a estas horas creí que ya no venía...

—Ajá... cierto... Se me hizo tarde... Estuve almorzando con ese hombre, de allá de Columbia.

—Aceptó el empleo...

—No... de eso nada... El hombre está muy entusiasmado con los libros, y con que yo los esté revisando.

—¿Los libros?

—Ajá, sus notas de la prisión. Telefoneó a Montreal, incluso.

—A usted nunca lo había visto así. Parece muy contento.

—Es que sí, oiga, esto puede convenirme mucho. Espero que no tenga nada en contra, de que use los libros, quiero decir. Podría ser la gran oportunidad... de mi carrera. Carrera de mierda ¿no?

—¿Pero por qué tanto salto?... parece un mono... Pero no me va a hacer reír, si me río me duelen las costillas... por favor... quédese quieto...

—Oiga, para usted también habrá un reconocimiento... con toda esta cuestión de los derechos humanos. Hay mucho interés por ese tipo de lucha.

—Por favor, estese quieto... no salte...

—Eso sí que sería increíble, verlo a usted reírse...

—No... me haría mal... no lo voy a mirar... más. Me dolería, yo sé, debe ser que tengo algunas costillas resquebrajadas...

—Pamplinas. Si el proyecto cuaja aparecerán artículos en las revistas, libros incluso.

—Me suena aburrido, pero si usted está interesado

siga nomás, y haga lo que quiera.

—Espere, déjeme tomar un sorbo de agua...

—Ay... no, basta de saltos... es una ridiculez...

—Tengo seca la garganta. Llamé al hombre de Columbia a raíz de los libros de usted. Y de esos jeroglíficos de notas.

—¿Qué hombre?

—¿Recuerda la entrevista que tuve hace una semana, por un empleo? Bueno, no funcionó. Pero me quedó el número de teléfono de este fulano, de modo que esta mañana pensé y se me ocurrió que sería él la persona indicada, para llamar, por este material suyo...

—Entonces...

—Se entusiasmó, me pidió que nos encontrásemos para almorzar juntos. Me estaba esperando en su oficina del Departamento de Historia, y ya había llamado a Montreal...

—¿Qué es eso? ¿Por qué Montreal?

—El Instituto de Estudios Latinoamericanos, de la Universidad de allá. Están preparando un proyecto sobre represión política en Latinoamérica. ...El hombre de Columbia no se quería dejar escapar la cosa, pero en Montreal están trabajando sobre el tema, arrancando desde la colonización española... necesitan más material reciente, les viene perfecto.

—No entiendo, el hombre estaba interesado pero llamó a Montreal... No tiene sentido.

—Sí, es cierto... quería guardarse él la cosa, pero no tiene presupuesto para patrocinar ahora mismo el proyecto. Él sabía que yo necesitaba algo y por eso llamó a ese amigo de Montreal.

—Una persona muy decente.

—Ajá, ya lo creo. Almorzamos una enormidad, y nos embalamos hablando. Y alguna copa de más, por eso me retrasé.

—Parece incluso generoso.

—Bueno, él también saca algún provecho. El de Montreal le ofreció otro material a cambio. Allá tienen cartas de navegación trazadas en el período francés que nunca habían salido de la Universidad. Propuso un préstamo. A los de Columbia eso los va a colocar en el mapa, si me permite un chiste tonto.

—¿Pero por qué algo así lo pone tan declaradamente feliz?

—Voy a conseguir contactos. Y me van a publicar. O sea algo de dinero, y tal vez un empleo fijo.

—¿Todo eso?

—Ajá, todo eso.

—Qué maravilla, no nos lo esperábamos ¿verdad?

—Ajá, por fin una oportunidad.

—Vaya y saque los libros, usted tiene la llave.

—Más tarde, a esta hora me toca atenderlo.

—¿Qué quiere decir?

—De dos a cuatro me paga para que lo atienda. No lo puedo pasear en la silla pero podemos hablar.

—Por supuesto, es lunes.

—¿Y usted, anda un poco mejor?

—No sé.

—Hoy ve mejor ¿No es así?

—Sí... No me había dado cuenta. ...Me siento mejor, sí... Gracias.

—Así tiene que ser. Y hasta anda menos paranoico... Pero se lo digo en broma. Me acordé de usted durante el almuerzo. Como postre el profesor pidió panqueques con crema batida, sé que le gustan los dulces, y habría querido probar. Tal vez cuando se mejore podrá darse el gusto otra vez.

—Ya que aquí hacen tanto aspamento con la Navidad, me gustaría algo dulce para entonces.

—No creo que un postre chico lo vaya a matar. ...A

propósito, vi una bandeja de almuerzo en el pasillo, junto a la puerta, casi intacta.

—Sí, era la mía. No me pasaba, no tenía hambre.

—Pero debería comer ¿no?

—Sí, pero no tenía ganas. Y a propósito o no, Navidad es mañana, no sé si lo sabrá.

—Mañana me gustaría trabajar todo el día con los libros ¿usted va tener algo que hacer? Si no podríamos pasar el rato tonteando.

—¿Algo que hacer, yo?

—Tal vez venga alguien del Comité, qué sé yo...

—Usted está haciendo cumplidos. Sabe bien que estaré solo todo el día.

—Perfecto, así en los intervalos podremos charlar a gusto. ¿Juega al ajedrez?

—No me gusta estar callado. No. No estando usted aquí.

—Debí suponerlo. ¿Siempre fue así de conversador?

—El otro día empezó a contarme de la chica con el nombre de queso, y después nos olvidamos de ella.

—Yo le pasaba delante de la casa, hasta cinco veces por día, los fines de semana... con la esperanza de que estuviese en el porche, así podría acercarme a hablarle. Un sábado a la tarde por fin se dio el caso, poco faltó para desmayarme... De veras me empezó a temblar todo el cuerpo, y las piernas se me aflojaron. ¿Quiere que siga?

—Bien sabe que sí.

—Usted es un voyeur, señor Ramírez. Un viejo verde. Pero sigo. Ella estaba sentada en el porche, y me le acerqué, le empecé a hablar de la escuela. Estaba sentada y yo parado. El escote de la blusa era bastante bajo y desde donde yo estaba podía verle casi todos los senos. Imagínese mi excitación...

—No, no puedo imaginármela. Por eso es que quiero

oír más.

—Es algo especial cuando uno ve... por primera vez, el cuerpo de alguien que quiere. Me cuesta explicárselo. Tenía los senos blancos como la leche, con pecas, y los pezones eran color rosa. ¿Sabe cómo son los senos de las muchachitas, antes de haber sido toqueteados?

—Sí, son blancos como la leche, con pecas, y los pezones de color rosa.

—Cambian de forma después del toqueteo. ¿Sabía eso? El cuerpo del hombre también, caminando por la calle se puede decir si una persona no ha tenido todavía relaciones sexuales.

—¿Es cierto?

—Creo que sí.

—¿Me lo puede explicar?

—Creo que no. ...La situación aquella me resultó excitante por demás. Yo era un adolescente torpe. La muchacha me atraía mucho, quería deslizarle la mano por debajo de la blusa. Tuve que dominar el impulso, mientras hablábamos de problemas de la escuela, y ella me sonreía. Imagínese lo mierda que uno se siente, cuando alguien le está hablando, de algún tema en particular, y sonriendo, y uno no puede pensar más que en meter la mano debajo de la blusa. Es ahí que uno se siente infrahumano... El resto de la gente parece estar en otra cosa, en la vida de todos los días, mientras que uno está allí, muerto de vergüenza, tratando de esconder esa parte de su ser.

—Dígame las cosas positivas, a esta altura a las malas me las imagino solo.

—¿Qué quiere saber?

—Los goces que le dio ella.

—Ya se los nombré.

—...

—Una vez me armé de coraje para invitarla a salir.

177

Aceptó. Fuimos al cine. La película era mediocre, de un tema que a ninguno de los dos nos interesaba. Yo estaba muy tenso esa tarde, rígido, sin la menor espontaneidad. Fue una tarde de tortura para mí. Me alegré cuando se acabó.

—...

—Se produce una excitación terrible... Es la primera vez que la sexualidad, que ha sido reprimida, con relación a la madre, de una vez por todas se libera... de esas connotaciones, y se aplica a un nuevo objeto...

—¿Qué pasó la vez siguiente que vio a la niña Dohrman?

—Había pocos encuentros reales, con muchachas, a esa edad. Y con ellas no se hablaba de sexo, sino entre los varones mismos, que comentaban sobre las hembras. Y de manera nada amable, y sin tener en cuenta en lo más mínimo el placer que ellas podrían recibir. Los varones hablaban de eso entre ellos, como de un impulso inmundo y lascivo que compartían, y que iba en contra de la hembra, y que iba en contra de las autoridades de la escuela, que lo prohibían, que nunca lo reconocían, y que hablaban siempre de otros temas, más limpios. Había solidaridad entre los varones, por compartir esos impulsos, sin imaginarse que ellas tenían las mismas sensaciones. Si una muchacha aceptaba de veras hacer algo... a nuestros ojos se degradaba, de inmediato. Y se volvía menos deseable, como objeto sexual.

—¿Qué pasó la vez siguiente que vio a la niña Dohrman?

—...

—...

—Le teníamos mucho miedo a la hembra, y pensábamos más en los senos que en cualquier otra parte de su cuerpo.

—Pero un buen día, todo se solucionó. A esta altura,

necesito saber lo que pasó tan desesperadamente como ansiaba un dulce en los momentos de fiebre alta.

—...

—Un día, todos los problemas se solucionaron.

—...

—...

—Sí, señor Ramírez, conocí a mi esposa en una fiesta, a los diecisiete años. Los dos estábamos en la escuela secundaria para entonces, ella era muy alta e incluso majestuosa, para alguien de su edad. Tenía facciones aguileñas muy finas, pómulos altos, nariz afilada, cráneo esculpido. El pelo era rubio, y se lo acomodaba en un rodete alto, la moda seria de la época. Estaba vestida con mucha sencillez, y tenía muy buena silueta. Pero la ropa era púdica, nada provocativa. Su recato, la hacía más cautivante. La atracción fue instantánea. ¡Estábamos tan acostumbrados a las de origen italiano, de facciones pronunciadas y toscas, ancas grandes, y faldas ajustadas! O a las irlandesas ¡aj! de piel blanca como para vomitar, y pecas, pelo crespo, cuerpos mal hechos, y olor raro. Me pareció no haber visto nunca alguien tan refinado. Creo que hacia mí la atrajeron las cualidades opuestas. Delgado, latino, de ojos negros relampagueantes, etc.

—Curioso que mencione sus ojos, los tiene pequeños, y huidizos.

—Ajá, cierto. Ahora están un poco muertos. Pero cuando adolescente tenían su brillo.

—¿Cuál era el tema favorito de conversación de ella? ¿cómo usted pudo adivinarlo tan pronto?

—Desde el comienzo todo anduvo como sobre ruedas. Las diferencias mutuas nos fascinaban. Quedábamos besuqueándonos en el porche trasero de su casa horas, hasta tarde en la noche. Cada noche de vuelta a mi casa me dolían los testículos.

—Estábamos en la primera fiesta.

—Bailé con ella varias veces esa noche, no quería bailar con otra, y le monté la guardia, vigilando a los demás que la sacaban a bailar. Bailar todas las piezas con ella habría sido demasiado directo, y obvio, y yo me le habría vuelto un pegote. Por eso dejé pasar algunas piezas, y mientras tanto bailaba con otras. Pero la volvía a sacar periódicamente, para que mi presencia no se borrara. Incluso la última pieza, tenía que bailarla con ella. Para consolidar todo lo anterior, y conseguir su número de teléfono, para verla otra vez. Yo sabía que también a ella le había caído bien, y esa noche me volví a casa liviano como un pájaro. No recuerdo lo que soñé.

—¿Cuál era el tema favorito de conversación de ella?

—No sé, hablábamos de todo. Estuve muy creído de mí y atropellador esa noche. Yo leía como loco, y podía disparatear sobre muchos temas.

—Pero con la otra muchacha no había podido disparatear.

—Es cierto. Algo me liberó esa vez. No sé lo que pudo haber sido.

—Podría recordar, si lo intentase.

—No es cuestión de recordar, señor Ramírez. Tendría que estudiar la cosa ahora, por primera vez.

—Me dijo que ella era diferente de las otras, no sólo físicamente.

—Había algo no sexual en ella. Era virgen, e inocente, ingenua. Todavía no estaba despierta, su sexualidad quiero decir. Y tal vez eso me tranquilizó. Me permitió arremeter, sexualmente. Jugar el rol del agresor, sabiendo que ella con toda seguridad se me iba a resistir. Eso desató mi masculinidad. ¿Ya con eso está satisfecho, espía hijo de su puta madre?

—Bien sabe que no soy un espía hijo de una puta madre, si me quiere calificar debería usar otros adjetivos.

—Ya lo hice, pero parece que nada lo detiene.

—Posiblemente sea el primer tema agradable que discutimos juntos ¿no querría seguir adelante?

—No, creo que no. Me cuesta mucho trabajo.

—¿Cuál era el tema favorito de conversación de ella?

—Ninguno en especial. Hablábamos de tantas cosas... Es maravilloso, cuando se ha hecho ya una inversión en una persona, ir descubriendo que es inteligente y sensible.

—Usted descubrió tan pronto cuáles eran las cosas que ella prefería, ¿cómo se las arregló?

—No descubrí nada. Le ruego que no me adjudique cosas que no he dicho.

—De entre todos los muchachos de Nueva York, ella lo escogió. Usted habrá descubierto el por qué en algún momento.

—Me escogió porque ella tenía poca experiencia, esa fue mi impresión hasta después de diez años de casados. La impresión de que yo había tenido suerte, de que se apegara a mí tan joven, antes de ver lo que el mercado le ofrecía. Y me quedé siempre esperando que un día lo descubriese y me abandonase, que descubriese que la había tenido atada en base a astucias y tretas bajas. Nunca creí en mí lo suficiente como para creer en su amor por mí, aún después de diez años. Discúlpeme si no le vengo con los cuentos de hadas que usted querría oír.

—¿Cuáles eran las cosas que usted prefería en ella?

—Su credulidad... y su belleza.

—Una vez mencionó que no se sentía completo, sin una mujer. Le presté atención pero no pude aferrar realmente el significado. Si lo lograse tal vez entendería muchas cosas más. ¿Se le ocurre algún momento en que se sintió completo, durante aquellos días?

—No así, a boca de jarro. Además no recuerdo haber

dicho tal cosa.

—Tal vez con otras palabras.

—Dije que tenía una gran sensación de inconcluso, un gran anhelo, de algo que me estaba faltando, y eso traté de llenarlo con una mujer.

—Creo comprender todo lo referente a sentirse incompleto. Lo que quiero saber es lo referente a sentirse completo.

—...

—Quiero enterarme de lo que sucede dentro suyo, cuando dice "me siento completo".

—No lo recuerdo.

—No se apresure a responder.

—...

—¿Entonces?

—Solíamos pasar juntos las tardes del domingo, tardes largas. Después de una semana de escuela, clases de día, estudiar de noche, deberes, tareas varias de los sábados, y al fin... domingo libre. Iba a buscarla a mediodía o a la una, cuando ella volvía de la iglesia, para salir. Nos íbamos con una canasta de picnic, al parque. Desde la media tarde, mirábamos cómo iba oscureciendo. Los colores del aire cambian, aparecen las primeras estrellas... Era un parque enorme, hermoso, más un bosque que un parque, y una vez adentro no se veían más los infames edificios de departamentos que lo rodeaban. Lo único que se veía eran ondulaciones y pinos, traíamos una manta, un poco de comida, libros para leer. Charlábamos, y nos besábamos, dábamos caminatas, nos leíamos pasajes mutuamente...

—¿Recuerda los libros?

—No... No recuerdo. Hace tanto tiempo. No parece que podría volver a suceder. Creo que no fui feliz más que esa vez.

—Seré curioso. ¿Está seguro de que no sabe cuáles

eran los temas favoritos de conversación de ella?

—No, creo que no tenía ninguno en especial.

—Dése prisa ahora, Larry, ella debe estar esperándolo. La tarde es corta. ¿Es dentro del mismo parque que lo espera?

—Solía esperarme en su casa. Nunca estaba lista. Siempre tenía que abrir la puerta la madre. Y yo tenía que esperar media hora, mientras seguía maquillándose, antes de bajar las escaleras. Era siempre un momento de gran expectativa, cómo se iba a presentar, qué ropa iba a ponerse.

—¿Qué se ha puesto hoy?

—Esto pasó hace veinte años.

—...

—...una blusa de seda azul. Y se siente una oleada de perfume cuando se acerca. En esa época me gustaba el perfume, pero ahora cuando una mujer entra en el ascensor me asfixio. Únicamente las mujeres son capaces de eso, de pasar horas maquillándose.

—¿Qué hay en la canasta del picnic?

—Sandwiches y cosas dulces.

—¿De qué color es el bosque?

—Verde y zul.

—¿Hay gente cerca?

—Hay algo de gente, pero estamos buscando un lugar donde no haya nadie. No se ve más que el bosque, no se ve la ciudad que lo rodea, uno es libre el domingo. La mayor parte de la gente libre del trabajo, nosotros libres de la escuela, que era lo mismo. No podíamos ver nuestra realidad en ese parque, por eso es que podíamos olvidar. Libres para imaginar cualquier cosa.

—¿Cómo ser?

—Todas nuestras posibilidades de vida, todas las cosas que podríamos llevar a cabo. Cosas que nos hacían remontar el espíritu.

—Una de ellas...

—No recuerdo.

—¿Ser rico?

—No recuerdo.

—¿Estar en otro lugar?

—Sí.

—¿Dónde?

—No recuerdo.

—¿De veras?

—No sé, tal vez Argelia. El desierto. Recuerdo haber leído a Camus, el existencialismo estaba de moda en esos días. Yo había leído "El extranjero". La arena caliente de la playa, las olas perezosas y la espuma, los cuerpos de bronce, el fresco de la tarde. Él que mira hacia abajo desde su departamento, a la noche, viendo a la gente joven, bromeando y riendo en la calle, rumbo a un bar o a un cine. ...Se me ocurrió lo bueno que habría sido estar en Argelia. Por los espacios abiertos, y el sol abrasador, y la gente bronceada con que me encontraría. ...Tiempo después descubrí que Camus estaba hablando de una colonia. La gente joven y bronceada era europea, gente odiada y a un paso de ser expulsada.

—¿A ella también le gusta Argelia?

—No sé si se la mencioné alguna vez.

—¿Qué está haciendo con ella en Argelia?

—Caminamos por una playa, desierta. Un calor bochornoso, el sol quema. No se está bien. Pero nos gusta. Nos estamos oscureciendo, bronceando. La hago caer sobre una duna, y empiezo a quitarle el traje de baño. ¿Está bien si me detengo aquí, señor Ramírez?

—Está oscureciendo en el parque, ¿cómo se encuentra la salida más tarde?

—Es época de primavera, y hace un poco de frío. Pero el toqueteo está generando un gran calor. Yo me le he subido encima, estamos completamente vestidos, y froto sin parar, la ropa contra la ropa. Eso se llamaba la cornada seca. Y vaya si era seca, hasta que eyaculaba en el pantalón. Después nos entraba la arena por todas partes, pegándosenos a la transpiración, y nos íbamos al mar, para lavarnos.

—Está tratando de confundirme. Están en el bosque, y no se han desvestido.

—Pasamos la luna de miel en Cape Cod. Íbamos a una playa desierta, y nos quitábamos todo. Podía verle la V blanca que el traje de baño le había formado, y el vello púbico negro brillándole, tan viviente, chisporroteándole luz, al salir ella del agua. Hacíamos el amor sobre la duna, el sol nos estaba asando... y la arena nos picaba, nos raspaba la piel, y nos la enrojecía. El jugo blanco se escurría sobre mi barriga marrón, se detenía casi entre los pelos, y volvía a correr rápido, por el lado del vientre.

—...

—El cielo azul, y el sol caliente... parecían aprobarlo todo. Yo era joven, y después de esperar un rato, volvíamos otra vez a las andadas, y otra vez... hasta que ya no podía. La cena de más tarde era extraordinaria... y el vino.

—¿Qué hay dentro de los sandwiches, en la canasta del picnic? Me está viniendo hambre.

—No hay nada adentro. Cubren un hueco.

—Usted no recuerda lo que había adentro. Pero no debería avergonzarse de admitirlo. Más aún, no debería mentir... porque adentro hay algo.

—Adentro no hay nada. Eso es lo que lo hace tan misterioso.

—No debería ser tan exigente con usted. Ya ha sido gentil por demás al contarme tantas cosas. Ya ahora estará ansioso por sacar los libros del armario y leerlos. Sáquelos nomás.

—...

—No me diga que ha perdido la llave.

—No, nada de eso.

—Yo me entretendré comiendo algo... Me ha venido un gran apetito.

—¿Quiere que le vaya a pedir algo, alguna cosa dulce?

—No, llamaré a alguna enfermera. Quiero algo sano que me caiga bien.

—De acuerdo, señor Ramírez.

—Y por si me duermo... aunque hoy haya comido bien con el fulano de Columbia... déjeme sacar de aquí mi billetera...

—No, no se moleste así...

—Oiga Larry, vaya esta noche a comer al restaurante nuestro. De otro modo no me va a poder contar qué había para comer esta noche, que es víspera de Navidad.

—Gracias, entonces.

—También se celebra la víspera de Navidad ¿verdad?

—Así es.

—Pues qué tontería la mía, saque doble, para llevarla a ella también.

—Voy a cenar solo esta noche, como todas las noches.

—Señor Ramírez, despierte.

—¡¿Qué... qué pasa?!

—Alto ahí... nada de tonos insolentes. No se los tolero.

—Estaba descansando... ¿por qué me despierta, tan bruscamente?

—Tenía algo que decirle, señor Ramírez, de gran urgencia.

—¿Y ahora se queda callado?

—S... sí...

—Le tiembla la voz, Larry.

—La noche del norte es tan fría. Usted cree que estoy a su lado, porque me oye hablar.

—Pero no lo veo, la oscuridad es total.

—Señor Ramírez, por alguna razón especial usted oye mis palabras y hasta siente casi el aliento de mi boca, como si estuviera a su lado. Yo estoy muy lejos en realidad, perdido una vez más. Iba en un tren, camino de Montreal, cuando reconocí caras enemigas.

—No se burle de mí, Larry, usted está a mi lado.

—Encienda la luz, y verá que no.

—No, la lámpara me heriría los ojos. Siga adelante, con su chiste.

—Me arrojé del tren, y aparecí en ese mismo paraje que usted vio en la revista, había un lago entre montañas de picos nevados, y vegetación de zona prepolar ¿lo recuerda?

—Sí. Era el anuncio publicitario de una marca de tabaco. Me había quedado pensando en su llamada a

Montreal y cuando vi ese paisaje canadiense lo asocié.

—Óigame bien, ahorre palabras, no hay tiempo que perder. Estoy en grave peligro. La total tiniebla que me envuelve no me permite dar un paso, temo caer a un precipicio.

—Sé que no finge, que su miedo es real. Lo que no comprendo es cómo su voz puede alcanzarme.

—Recordé aquello de los condenados a muerte, y la manera como se les concede un último pedido antes de la ejecución, aunque más no fuera una cena especial, a veces. Y yo pedí antes de abismarme en el aire helado... que usted me oyese.

—Recuerdo el lugar perfectamente, Larry, sea cauteloso, hay rocas escarpadas, recortadas contra un cielo celeste y brillante. El agua del lago es más brillante aún, celeste también, aunque algo más oscuro, pese a reflejos de luz solar casi enceguecedores.

—Reflejos de sol frío, prepolar. Nunca volverá a despuntar para mí, señor Ramírez.

—No, es cuestión de un poco de paciencia. Ese problema lo conozco mejor que nadie. Tantas veces me despierto en medio de la noche y pienso que el día nunca llegará.

—Temo tropezar, y caer.

—Tengo muy presente el lugar, miré muchas veces ese anuncio. Siga mis instrucciones.

—Escucho.

—Si está de pie, muy despacio hínquese.

—Ya.

—Tantee el terreno con la mano.

—Sí. Toco una roca que se yergue, lisa.

—Larry, usted se encuentra junto a la entrada de una gruta. Afine el oído y oirá muy a lo lejos el rumor de un manantial.

—Sí, cuanto más avanzo más claro oigo el canto de

las aguas.

—Usted está adentrándose en la gruta. Allí hace menos frío.

—Sí, el aire se torna templado.

—Hemos tenido suerte, podría haber usted entrado al paisaje por donde los pinos crecen más apretados, y allí la nieve dificulta el paso.

—Señor Ramírez, el manantial... es de agua algo más que tibia y algo menos que hirviente.

—Quítese el frío de los huesos, sumérjase allí.

—Sí, en el aire caliente la ropa húmeda de nieve se está secando. Yo todavía estoy tiritando, me estoy descalzando, me estoy desabotonando estos tantos ojales, los dedos entumecidos apenas si me responden, siento mi cuerpo como el de un viejo.

—Usted siente igual que yo las articulaciones herrumbrosas, los músculos deshilachados y la piel espesada como cuero. Pero en contacto con el manantial el cansancio de los años se evaporará.

—Sí, mis articulaciones ya responden a cualquier capricho, mis músculos se flexionan con placer.

—Descanse, Larry, flote sin miedo, son aguas buenas.

—¿Llegará alguien? ¿se acerca un caminante portando un farol? creo ver luz por allí mismo por donde entré.

—Es la luz del día. La boca de la gruta le da paso.

—Tenía usted razón, la noche quedó atrás. Ahora veo que debo seguir en todo sus indicaciones.

—Trataré de no decepcionarlo. Yo tuve la suerte de ver el paisaje, quedó fijado en mis retinas.

—He recobrado el uso de mi cuerpo, puedo avanzar hacia la salida y reponer fuerzas comiendo algo ¿pero dónde encontrar alimentos?

—Hay troncos de árbol flotando en el lago, átelos con lonjas de corteza, aventúrese con una red hecha de ramajes, y pesque las truchas más deliciosas.

—Señor Ramírez, yo querría saber algo más del paisaje.

—Las rocas son marrón rojizas, los picos blancos inmaculados.

—Las truchas son plateadas, sabrosísimas. Cuando caiga el día volveré a la gruta, satisfecho mi apetito.

—¿Siente cansancio en el cuerpo?

—Sí, pero un cansancio que me da... ¿podría decirlo? ...que me da placer. Sé que con un chapuzón en el manantial volveré a estar fuerte.

—Lo que no ha quedado muy claro es si flotando en esas aguas anoche usted se quedó dormido.

—Da lo mismo, señor Ramírez. Lo que cuenta es el descanso.

—Es que me interesa tanto lo concerniente a conciliar el sueño.

—Desde que llegué a este paisaje del lago duermo todas las noches sin el menor problema.

—Hábleme más de eso.

—Sí, señor Ramírez, el día pasa rápido buscando alimentos. Ah, y no le había contado, estoy construyendo una pintoresca cabaña en lo alto, con vista insuperable.

—¿Estaría entonces desdeñando la gruta?

—No, es que durante el día me gusta tomar descansos en plena claridad. La gruta me espera por la noche.

—¿Y qué más, Larry? ¿no tiene usted ya problema alguno?

—Gracias a usted, señor Ramírez, que me indicó el camino.

—Usted siempre tan considerado. Pero noto en su voz un dejo nostálgico, a mí no me logra engañar.

—No tengo de qué quejarme, sólo de eso puedo lamentarme, de no tener motivo para quejas.

—Pero no hay alegría en sus palabras.

—Señor Ramírez, sé en qué está pensando, en que me falta una mujer.

—Evidentemente.

—Pues no es así. Siempre me trajeron problemas. Son extremadamente deseables pero tengo que admitir que me dan miedo. A mi edad debí haber solucionado ese problema y pues no, les sigo temiendo, por eso mejor lejos, las divinas criaturas.

—¿No siente ansias carnales, acuciantes?

—Con la mano las calmo.

—Perdone la indiscreción.

—¿Recuerda usted bien el paisaje, señor Ramírez? ¿no le parece suficiente esta serenidad ultraterrena?

—Si usted lo dice...

—...

—Larry...

—...

—Larry, respóndame ¿o es que ya no puedo oírlo?

—Sí... me... puede... oír...

—Usted llora.

—...

—Larry, no me trate así, usted me preocupa.

—El paisaje es... perfecto, señor Ramírez, expresa... una potencia divina. Hubo alguien capaz de crear esta rica y majestuosa... calma.

—Me gusta que lo diga, eso debe ayudarlo en su soledad.

—No, señor Ramírez. Yo no soy el paisaje.

—Usted lo recorre.

—Sí, pero no comparto ni su calma, ni su riqueza, ni su majestuosidad, ni ninguno de sus atributos. El día que algo, un viento huracanado, una tempestad, me barran de aquí, el paisaje permanecerá impávido. Sin mí se verá tan pleno como siempre.

—Larry... su voz se va acongojando más y más. Me

asusta.

—...

—Larry... dígame algo...

—...

—Larry, usted no se equivoca... tiene razón... por lo menos sepa eso... que no está equivocado... yo tampoco me conformo... Tuve un momento de estupidez, en que rogué curarme, y después conformarme con comer y dormir... Pero Larry, usted tiene la más absoluta razón... Yo también quiero ser el paisaje... quiero florecer quieto como un árbol, o correr como la avalancha si lo que me apetece es el movimiento...

—Señor Ramírez... escúcheme, aunque ya me quede poca fuerza en la voz... usted lo que ansía es el poder...

—¡¡No!!... no sea torpe... ¡imbécil!

—¿Qué?

—Eso, no sea imbécil... es detestable el poder... Dios tendrá ese horrible problema, y no se lo envidio... Lo que yo quiero es... sentir, sentir algo que yo creí que existía... pero que no sé qué es...

—Señor Ramírez, tal vez sean estas mis últimas palabras, no tengo fuerzas ya para nada, no quiero tampoco salvarme, acercarme a la gruta... Me quedaré aquí, la nieve me irá cubriendo y así se terminará esto de una vez por todas.

—No... por favor... ¿quién vendrá a conversar conmigo si usted se muere? Ése es un acto de total egoísmo, tiene que pensar en mí.

—...

—Larry... responda...

—...

—Si yo pudiera llegar hasta usted, lo arrastraría adentro de la gruta. Después de un remojo todo se le olvidaría... Lo peor es que resulta tan pesado un cuerpo que ya no quiere vivir... lo arrastro pero avanzo pocos centímetros por vez. Hay ramas atravesadas en el camino, sí, él eligió el lugar más alejado del paisaje, en las antípodas de la gruta, y para mí tal vez no sea posible semejante empresa... Y en una noche tan oscura, sin saber de un atajo, sin poder escogitar la menor estrategia...

—...

—No recuerdo haber pedido llegar hasta este paisaje como último deseo, de un condenado a muerte. Pero me fue concedido, ya tal vez un signo de que hay posibilidad de salvataje. Es posible que se salve él, pero salvarme yo lo dudo... Con este frío, esta inclemencia del viento, y arrastrando fardo similar...

—Por favor... siga... adelante...

—¿Qué dice?... no le oigo...

—Conozco bien yo el camino, ahora, señor Ramírez... Lo que tiene que hacer es seguir... en la misma dirección... siempre derecho...

—Muy bien...

—Porque ya falta poco.

—Yo no veo nada, Larry, es total la oscuridad de esta noche prepolar. Sólo cuando el aire empiece a entibiarse sabré que he entrado a la gruta.

—Gracias... gracias...

—Ya se oye el canto del agua... espero no estarlo soñando...

—En efecto... yo también... y el frío no es más el mismo...

—Pero yo no tengo más fuerzas, Larry... hasta aquí... he podido... he podido...

—Sí... diga...

—He podido... ayudarlo.

—Gracias. Estamos a salvo.

—Yo no, Larry... yo estoy finalmente agotado... no veré el día.

—Usted dice eso porque tiene los ojos cerrados.

—Nunca más quiero abrirlos.

—Cambiará de idea.

—No... no hay tiempo para eso.

—Se equivoca, una vez más. Ábralos ya, y tendrá una sorpresa.

—No...

—Ábralos y verá algo.

—¿Llegará alguien, Larry? ¿se acerca un caminante portando un farol? creo ver luz por allí mismo por donde entramos.

—Es la luz del día. La boca de la gruta le da paso.

—No, es por la ventana del hospital que se filtra apenas un poco de luz al amanecer, pero es tan agradable saber que ya se terminó la noche.

—...

—Qué silencio reparador...

—...

—Si nadie me llama, o pregunta por mí, es posible que vuelva a dormirme. El silencio y la soledad a veces ayudan a descansar, y recuperar energías, después de un esfuerzo muy grande.

—Con que esto es Navidad.

—Ajá...

—No sé por qué se me cruzó la idea peregrina... de que usted me iba a traer algún dulce, o alguna otra cosa, de regalo, ya que es una fiesta tan importante... Pero ahora estoy contento de que no, me caen realmente mal, los dulces.

—¿Le corto una parte de mi manzana?

—No... Ya me trajeron una, entera ¿no vio? Acabo de comérmela. ... Gracias.

—No se entusiasme demasiado con la Navidad, se va a decepcionar.

—Todo el personal del hospital parece alborotado ¿por qué tanto?

—Tienen familia, seguramente saldrán y se emborracharán, vaya a saber.

—Larry... ¿Al final del día, van a estar todos decepcionados?

—No... Algunos no van a recordar lo que ocurrió.

—Veo que avanzó un montón de páginas esta mañana ¿no le convendría descansar un poco, ahora?

—No estoy cansado.

—Perfecto, podemos charlar un rato entonces.

—No es justo... Soy siempre yo el que habla de su vida ¿por qué no habla un poco de la suya?

—Todos los chismes del Hogar, pues, ya se los conté. Aquí en el hospital en cuatro días todavía no he establecido una sola relación. ¿Qué más podría contarle?

—Usted vivió más de cuatro días. ...Cuénteme cómo

coordinó esas huelgas salvajes... en seis plantas automotrices, saltando por encima de la autoridad sindical.

—No creo una palabra. ¿Dice eso el libro?

—Sí que lo dice, aunque con palabras de otro siglo.

—Tenga cuidado, muchacho. Es posible que yo no haya sido muy veraz...

—Tal vez podríamos discutir un poco sobre eso, y se aclararía la cosa.

—Debo admitir algo. Usted dirá después que soy una presa fácil de la publicidad, pero estoy de veras intrigado por todo este asunto de la Navidad. Vi tantos anuncios por las calles, en esos días en que salíamos a dar vueltas... Pero más que nada, ayer y hoy... la euforia de la gente de aquí... realmente me ha impresionado. No sé qué daría por ver una de esas casas, en este preciso momento, a la hora de sentarse a la mesa...

—Está inflando la cosa fuera de toda proporción. Es un día de fiesta, la gente no va al trabajo, se emborracha, gasta dinero, y ahí está todo.

—Pero todos esos regalos que parecían estar comprando ¿qué sucede cuando se abren esas cajas?

—A los niños les encanta. Para ellos es muy importante.

—¿Y para los adultos? ¿qué sienten cuando los niños abren los regalos?

—Es un placer para ellos también.

—Larry... Pero si los regalos no son para los adultos ¿de dónde les viene el placer?

—Sus preguntas son una más aburrida que la otra.

—Entiendo el placer de abrir el propio regalo. Pero lo que uno deba sentir cuando otro abre su paquete, para mí es un misterio.

—La idea de que se deba sentir algo muchas veces es la responsable de desencantos y depresión. La gente como usted se hace grandes ilusiones, para estas fiestas.

—Yo no me hacía ilusiones, pero la gente me contagió. Parecían tener un motivo tan válido para ilusionarse.

—¿Qué motivo?

—Es lo que no sé. Pero usted dijo que no se debería esperar nada, para evitar decepciones. Y no quedó claro si se refería al momento de abrir su propio regalo, o qué.

—Creo que a la gente le gusta dar, señor Ramírez, y dar placer a los demás. Los hace sentir bien. Tan bien como cuando reciben placer.

·—¿Dónde se debería sentir el placer de dar? ¿en el pecho? ¿en la garganta? ¿...o en los ojos?

—...

—Ah... ya sé, es en las manos. Tengo las manos... bajo la carpa de oxígeno, y las quiero sacar.

—¿Qué dice, está delirando?

—No, algo que me pasó por la mente, sin sentido. Por suerte me quitaron la carpa maldita.

—Uhmm.

—Perdóneme... Seguramente usted preferiría otros temas. Hay uno en especial que le cae bien siempre, sea el momento que sea.

—¿Cuál?

—La muchacha de la escuela secundaria, la de facciones aguileñas.

—Lo tenía olvidado, hasta que usted me obligó a recordar. Es curioso como uno entierra incluso los recuerdos agradables.

—Sobre todo los recuerdos agradables, en su caso.

—...

—Larry ¿qué sucede para Navidad cuando un joven se ve obligado a pasar el día con sus padres, mientras que lo que querría es estar con su novia? ¿estaría bien visto que ella viniera a la casa del muchacho?

—¿De qué me está hablando?

—¿Puedo serle sincero?

—Adelante.

—Querría saber cómo era esta gran celebración en su casa, con sus seres queridos. Pero al mismo tiempo quiero saber más de esa muchacha tan encantadora. Hubo una Navidad en que su novia estuvo presente también y usted por fin logró todo lo que ambicionaba.

—Me están viniendo náuseas.

—...

—Hmmm... Bueno, hubo una vez, en que vino a conocer a mis padres. Especialmente a mi madre, cuya aprobación por algún motivo pues, resultaba muy importante.

—¿Y eso fue exactamente el día de Navidad?

—¿Por qué no?

—¿Se está burlando de mí?

—Me preocupaba más lo que diría mi madre de mi novia, que viceversa. Fue muy raro, no es que habría dejado de verla si mi madre no le hubiese dado su visto bueno, pero de todos modos importaba mucho que le cayese bien. Se la veía mejor que nunca ese día. Tan atenta, tan cortés, tan inocente, que incluso cautivó a mi madre. No podían dejar de hablar de ella, cuando se fue, lo único que mi madre no entendía es qué podría haber visto en mí. Eso me hizo sentir maravillosamente, pero de todos modos yo siempre había estado orgulloso de ella. Era como traerles a mis padres un trofeo.

—No me preocupa la aprobación de su madre, sino la de su padre. ¿Qué hace él, en este momento?

—La está mirando. Y le sonríe. La encuentra muy bonita. Él está radiante de alegría, de veras. Está todo colorado, y por momentos se enciende más aún. Trata de hablar, nunca lo he visto tan sociable. Le gusta, que le traigan otra mujer a la casa.

—Yo siento lo mismo.

—Sí, les ha caído muy bien. Se la ve muy íntegra, y pura. Y bella además. Después de todas esas chillonas italianas. Mi madre rebalsaba de entusiasmo también.

—Él querría darle un buen regalo... pero no lo tuvo en cuenta, a tiempo. Aunque de veras no importa, ella no espera nada de él. O sí, sí que espera un regalo de su padre, y me temo que... ay, la vergüenza que ha de sentir él... es posible que se haya olvidado.

—...

—No se le ocurre qué comprarle... Y no se atreve a preguntárselo. ¿No le preguntaría usted de parte de él?

—Deje que le pregunte él mismo.

—¿Qué es lo que le compró usted? ¿o es demasiado temprano para abrir las cajas?

—Oiga, no había regalos. No era Navidad, pero era mejor que Navidad, todos estábamos contentos.

—Su padre no tenía nada de que avergonzarse entonces...

—No, claro que no. Nunca había estado tan vivaz, en general era callado, pero ese día hablaba casi por demás. Competía con mi madre para ver quién metía más baza. Corría de un lado para otro preparando copas, como gran anfitrión. La dureza de mi madre, su terrible aspereza, de algún modo desaparecieron. No hacía más que sonreír. Mi hermano y mi hermana eran pequeños, subían y bajaban por la escalera, para darle una ojeada más. Y cuchicheaban y se reían entre ellos.

—¿A su padre ella le ha caído tan bien como a su madre?

—Sí, ya se lo dije, le ha caído muy bien. Tal vez más de lo que él se haya admitido a sí mismo. La desea.

—¿Qué le dice a ella?

—Le hace preguntas, sobre la escuela, sobre sus planes. Y le gusta... que ella sea una muchacha decente.

—Su padre le iba a preguntar algo, pero se puso tan nervioso de no haberle traído regalo... que...

—¿Que qué?

—Ya no sabe qué decirle.

—Que le diga lo que piensa.

—No le cuente a nadie, no le cuente a ellos. Pero hubo una razón por la cual él olvidó el regalo... Se puso muy nervioso pensando en otra cosa, se olvidó de todo... Y es que... se asustó... Larry, él sabe lo que sentir cuando abre el regalo para él mismo... pero ella se dará cuenta de que él no sabe lo que sentir cuando ella abre el propio...

—No lo sigo.

—No sabe cómo es, darle un regalo a una mujer. No sabe lo que debe sentir cuando ella lo abre.

—Los regalos no me interesan. Ni los doy ni los recibo. Además, si fuera obligatorio, preferiría darlos y no recibirlos.

—Sobre ese último punto volveremos, usted no es muy dadivoso, Larry. Pero para no perder el hilo, tal vez los regalos tengan que abrirse al final de la fiesta... Eso le daría tiempo a él... ¿es una fiesta larga?

—Estamos apenas sentándonos a la mesa para cenar, señor Ramírez, cuando suena el teléfono.

—¿Por qué me mira de ese modo?

—Porque estoy en una situación difícil. Quien llama es uno de los obreros, desde el edificio del sindicato. Los líderes sindicales acaban de firmar un contrato con el patrón. Los obreros no están de acuerdo, y están decididos a ir a la huelga. Este compañero me pide que vaya inmediatamente y la organice. Una huelga salvaje.

—Usted no es obrero, Larry.

—No, yo enseño Historia en la universidad, pero soy activista también. Ya otras veces los he asistido. Soy su asesor.

—¿No hay nadie más que podría socorrerlos?

—No, ellos me conocen sólo a mí. Saben que los escucho, que desconfío de los líderes sindicales. Y que los acompañaré tan lejos como sea necesario.

—Usted tiene que hacer, se da una fiesta en su honor. Páseles el nombre de otro asesor.

—Otro no se atrevería a intervenir, por miedo a la camarilla al mando del sindicato, que lo mandarían matar. Además yo soy un maestro de la estrategia, en situaciones así.

—¿Qué va a hacer?

—Tengo que ir inmediatamente, a ayudarlos.

—Pero sus familiares se sentirán heridos si los deja, será una gran decepción.

—Sí, debería darles una explicación... ¿pero qué podría decir?

—...

—¿Qué podría decirles... señor Ramírez, para no herirlos?

—¿Está seguro de que nadie puede reemplazarlo en el sindicato?

—Nadie.

—¿Y hay una razón válida para ir a la huelga?

—Sí. Los obreros la piden y pueden ganar. Con eso basta ¿verdad? ¿cuál es su opinión?

—¿Los reclamos de los obreros son legítimos?

—La cuota de inflación es tan alta que apenas si pueden comer.

—...

—¿Qué debería decirles a mi familia y a mi novia? ¿cómo haré para irme sin ofenderlos?

—¿Querría tanto ayudarlo, Larry... pero me es difícil...

—Es preciso que me ayude... Tengo que ir al sindicato... ¡ya! Es un momento crucial, necesitan mi ayuda para ganar. Si pierden habrá represalias.

—Tal vez... debería hablarle a su novia separadamente... después a su madre... o a su padre...

—¿Pero qué les digo? ¿cómo irme sin ofenderlos?

—Usted repite siempre que su novia tiene mucho sentido común, yo hablaría con ella antes.

—Pero se va a resentir. Este es un día muy especial, la primera vez que ha conocido a esta gente, necesita que le dé mi apoyo. Pero al mismo tiempo tengo que irme. ¿Qué le puedo decir?

—Debería darle una razón por la cual se marcha. Una razón que ella entienda. En fin, cómo decirle... para ella, nadie puede ocupar el lugar de usted. De modo que todo lo que habría que explicarle sería la razón por la que también para esos obreros usted es irreemplazable. Ella comprendería.

—Me parece bien. Ella es irreemplazable también, pero aunque comprenda, y por supuesto que comprenderá, aunque vea que es necesario, y acepte que yo lo haga, aún así se sentirá herida por haberla yo abandonado.

—Tal vez no. No si llega a entender por qué usted es irremplazable. Vaya y dígale el secreto, ella no lo va a traicionar.

—Ya ha sucedido otras veces, usted lo sabe. Tuve que dejarla en varias ocasiones. ¿Aceptará un tipo de vida así? ¿tengo derecho a pedirle que comparta una vida así?

—Si ella es como me la describió, estará de acuerdo en secundarlo en un caso tal. Pero usted debe entonces dejarle saber el secreto.

—¿Qué secreto?

—La razón por la cual sólo usted puede realizar esa tarea.

—Los obreros quieren ir a la huelga, cerrar la planta

de fabricación de automotores por un mes, pero se van a resentir demasiado de la pérdida de salarios. Pueden perder la huelga, los patrones pueden aguantar más tiempo. Yo creo que hay una solución mejor, tengo que convencerlos.

—A ella la convencerá también, si se lo explica.

—Los obreros están en contacto con una organización clandestina, que conoce el programa de producción de la planta completa. Hay treinta secciones, y si cada sección parase el trabajo a una hora específica, entonces con dos horas por día durante una semana la pérdida de producción sería la misma que si todos parasen el trabajo durante un mes. Los obreros pierden poco salario, y la empresa no puede economizar en salarios o electricidad. Ése es mi plan general. Tengo que convencer a los obreros de que se puede llevar a cabo.

—No es dos horas por día, Larry, tan sólo dos horas dos veces por semana sería suficiente. Lo que cuenta es cuándo parar cada sección. Tiene que ser hecho de manera que desarticule totalmente el plan de producción. Escuche, un programa de producción sigue una concatenación lógica, es esa concatenación que debemos atacar. ...Las piezas de una determinada sección no serán retiradas a tiempo, se apilarán y saturarán la línea de ensamblaje. Otro ejemplo: si los ejes no llegan a tiempo el resto de la operación montura también se detiene.

—Creo que eso la convencerá.

—Sí que la convenció, Larry. Vi como lo escuchaba. Entendió la idea perfectamente.

—¿Qué debería decirle a mi padre?

—Hable con su madre primero.

—¿Pero a ella qué le digo? no le interesan nada las historias del sindicato. Sospecha que son todas confabulaciones comunistas.

—Si no hay tiempo para explicarle las cosas... posiblemente... podría decirle que ya es demasiado tarde para retirarse de la lucha. Que si el grupo suyo no vence los enemigos avanzarán y lo destruirán. Es una cuestión de vida o muerte. Si el grupo no lucha ella podrá perder a su hijo.

—De acuerdo.

—Pero asegúrele que esta noche volverá. No hay peligro en el mitín. Nadie sabe que usted es el estratega, todavía.

—¿Pero y mi padre, qué le digo a él? Tal vez deberíamos dejar que mi madre se lo explique.

—No... por favor... eso no...

—¿Qué le decimos?

—Rogaría porque él no lo hubiese oído, usted acaba de ponerlo en segundo plano. ...Se lo ve triste, de repente. Me temo que sí lo oyó.

—¡Rápido entonces, dícteme lo que decirle!

—Dígale la verdad... Él es el único que debería saberla.

—¿Qué verdad?

—Dígale que usted tiene miedo... Dígale que hay verdadero peligro esta noche, pero que las mujeres no deben enterarse. Pídale que le dé valor, porque lo va a necesitar. Hay de veras peligro esta noche. La policía sabe que habrá un mitín en algún lado. A estas horas tal vez ya hayan averiguado dónde. Usted va a encontrarse con gente de una organización clandestina. Usted no ha sido responsable de ninguna violencia todavía, pero ellos sí. El gobierno los está buscando, vivos o muertos. Usted tiene miedo, y necesita el apoyo de su padre.

—...

—Explíquele cómo están las cosas, y él le dará lo que usted necesita, Larry.

—No creo que él comprenda... que existe algo, que no sea el interés personal y egoísta, digno de una lucha... que haya otros valores...

—¿Está seguro?

—Sí.

—Veamos... ¿Qué le da esa certeza? ¿Qué le ha visto hacer a él que le dé tal certeza?

—Toda su vida. Él no entiende... por qué alguien puede perder el tiempo leyendo un libro... si no le permite ganar dinero... Leer es estúpido y afeminado... demuestra que uno está fuera de onda... A veces logra ser bueno y cariñoso, pero algo como esto él nunca lo entendería... el hecho de ponerse en peligro...

—Larry, por favor... déle una última oportunidad... Usted déme a mí las razones de la manera más simple posible, y si yo logro entenderlas... también él... Dígame por qué está decidido a ir a ese mitín... a pesar del peligro terrible... Trataré de comprenderlo, se lo prometo...

—Hay una gran lucha en marcha, en todo el mundo. ...Pero es importante por remoto y chico que sea el lugar, y se libra diariamente... Tiene cientos de años, lo determina todo... las condiciones de nuestra existencia, nuestras posibilidades futuras... Hay que pelear. ...El hecho de que esta noche los deje, no significa que los quiero menos... es una lucha que nos incluye a todos... no nos podemos rehusar...

—Pero la gente con que se está asociando ¿es digna de su confianza?

—Algunos lo son, otros cederán ante las presiones. ...Pero cuanto más numerosos y fuertes seamos, menos serán los que cedan.

—¿Pero por qué usted? ¿no podría ser alguien viejo, alguien sin familia, alguien con nada que perder?

—Los viejos necesitan descansar, los jóvenes pelear, señor Ramírez.

—No, los viejos quieren morir, pero no saben cómo hacerlo honrosamente... Yo sólo comprendería su partida si usted fuese irreemplazable esta noche en el mitín.

—Usted sabe que soy irreemplazable, soy el único que puede concebir la estrategia. Y convencerlos, de que puede funcionar.

—Larry, no estoy seguro de haber comprendido... No estoy convencido del todo... En este momento no se me ocurre ninguna razón que pueda justificar su muerte... Lo único, lo que viene primero para sus seres queridos... es que usted siga vivo... Nada podría tener más importancia.

—...

—Veo que lo estoy decepcionando... Pero no puedo mentirle... Tal vez su padre comprenderá... y no lo decepcionará... Ojalá fuéramos más lúcidos... y que usted nos pudiese admirar...

—No es una cuestión de lucidez... Mi padre tuvo una formación diferente, ...la pobreza, la lucha por la subsistencia, era lo que contaba más. Pensar más allá de eso era un lujo que no podía permitirse. ...Él trató de pasarme a mí lo que aprendió, pero yo fui criado en condiciones mejores, y tuve que pelear contra él para ser libre... Ahora está orgulloso de mí, pero no me comprende.

—Tal vez no sea necesario que usted lo admire... Por favor, déle la última oportunidad... confie en él totalmente, Larry...

—¿Qué quiere decir confiar en él?

—Cuéntele todo... adónde va, quién va a ver, y que tiene miedo, confie en él totalmente.

—¿Confíe en él totalmente?

—Sí, póngase en sus manos.

—¿Para qué?

—Déle la alternativa. Una vez en sus manos él le podrá hacer lo que le parezca.

—No le tengo confianza, podría destruirme. Podría

aniquilarme.

—¿Qué motivo podría tener para aniquilarlo?

—A veces no sabe lo que hace.

—Es nervioso, pierde el control...

—En realidad no es nervioso, es taciturno pero tolerante, por un rato largo... y después explota, nunca se sabe cuándo... Es bueno, pero de pronto se puede volver contra uno...

—...

—Un sábado a la mañana mamá salió de compras, y él se quedó en casa con nosotros los chicos... Nosotros sabíamos que con él podíamos permitirnos más cosas, ya que no sabía todas las reglas de la casa. Él estaba arriba y nosotros jugando en el sótano. Empezamos a hacer ruido, y más ruido... después empezamos a subir y bajar las escaleras, y de ahí a la sala de estar dando vueltas, volteando cosas... gritando a más no poder, dando alaridos salvajes. Él no se inmutó, pero nosotros queríamos poner a prueba su paciencia más todavía... le corrimos alrededor dentro del dormitorio, tirando cosas. Hasta que repentinamente se desató... era una cólera fría, nos quedamos aterrados.

—¿Una cólera fría?

—Sí, controlada en parte. La mitad la tenía todavía embotellada por dentro. La cara se le volvió blanca, y sus ojos se cerraron casi. No nos pegó, solamente nos dijo que parásemos. Sabíamos que si lo provocábamos un ápice más nos destrozaría, nos aniquilaría, nos borraría de la superficie de la tierra.

—¿Con sus propias manos?

—Sí, con sus puños.

—¿Más que a nada, le temía a sus puños?

—Sí, a sus manos.

—¿Y si lo provocase un ápice más?

—Me retorcería el pescuezo, ésa era la frase de mi

madre. Nos arrancaría la cabeza de un puñetazo. Nos abollaría la frente, como los chicos hacen con sus muñecos. Nos arrancaría brazos y piernas.

—¿Sobreviviría usted?

—Tal vez, pero como un charco de sangre y carne.

—...

—Se puede tomar en la mano la cabeza de un muñeco, hundirle la frente, y las sienes. Después se le puede poner una mano en torno al pecho, otra en torno a la cabeza, y girar el cuerpo para un lado y la cabeza para el otro. Como retorcer una toalla mojada, hasta que se le arranca la cabeza. Y se le arrancan los miembros como las ramas a una planta. Las manos de él son grandes, lo suficiente para abarcar totalmente al muñeco en un puño. Le separa las piernas, se las agarra con fuerza, y se las descoyunta. Como se parte un pollo, quebrando el cartílago, desgarrando la carne, para masticarla a gusto.

—Larry, no hay otra alternativa... Afuera lo están esperando, los obreros, no hay tiempo que perder... Pero él ha cerrado la puerta por dentro para no dejarlo ir. Usted tiene que llevarlo aparte y hablarle... dígale ante todo el miedo que tiene del peligro de afuera... no el miedo a él... Y dígale cuánto necesita el apoyo de él esta noche...

—...

—La habitación está casi a oscuras... es el dormitorio de él, arriba... Ahora déle todos los detalles... de su plan secreto... Póngase totalmente en manos de él... Y al fin él decidirá qué hacer... podrá destruirlo o ayudarlo... pero si no se atreve a ir con él arriba... nunca se enterará... y no logrará que le abra la puerta...

—Usted comprende por qué tengo que afrontar este riesgo en el sindicato, él jamás, está fuera de su alcance. Ya no me queda tiempo, además contarle todo a él es demasiado peligroso... Invéntele usted una historia, señor Ramírez, algo vago, que lo satisfaga.

—La puerta está cerrada.

—La tiraré abajo, algo hay que hacer. Distráigalo mientras salgo.

—¿Y la ventana, Larry? usted puede saltar por la ventana. No sería la primera vez.

—¿Por qué dice eso?

—Muy bien, vaya nomás... no se preocupe más por nosotros...

—Ahora debo salir y tengo miedo.

—¿Tiene miedo de morir?

—Sí, de que vengan por mí, señor Ramírez.

—Yo no tengo más miedo, ya no... ¿lo ve? Usted me convenció, de que tiene que ir, es su deber ir... vaya nomás... distraeré a su padre mientras usted sale.

—Gracias...

—...

—Y antes de irme a luchar, quiero decirle que usted me ha ayudado mucho hoy, señor Ramírez ¿cómo se siente eso?

—¿Cómo lo siento yo?

—Sí, usted. ¿No se siente satisfecho? ¿y dónde está localizada esa sensación?

—¿Dónde?

—Sí, dónde, ¿en su pecho? ¿en su garganta? Siempre está fastidiando con esas preguntas.

—No siento nada. Estoy bien abrigado, y muy cómodo en esta cama, y no siento dolores... pero tengo mucho sueño, por qué no admitirlo... Si no le importa... me gustaría dormitar un poco más.

—De acuerdo...

—Descansa tanto cerrar los ojos... así como ahora. Voy a quedarme dormido muy pronto... Por suerte el día está nublado. La claridad no me lastima los ojos, ni siquiera tengo que correr las cortinas. Basta con cerrar los ojos para que todo se vuelva oscuro y calmo. ...Los oigo en la otra habitación, pronto van a abrir sus regalos... No sé qué les ha traído Larry, ya se ha ido y no puedo preguntarle.

—Me he ido y tengo cosas importantes que hacer.

—Espero que Larry haya adivinado lo que cada uno esperaba como regalo, para que estén contentos, igual que yo... No voy a poder escucharlos mucho tiempo más, ya estoy casi dormido.

—Mi padre querría un montón de dinero, más que nada... Mi madre querría un regalo de él... un regalo caro, que demostrara su amor por ella. Mi novia se contentaría con cualquier cosa.

—El padre de Larry quiere un montón de dinero, pero para qué lo quiere no sé.

—No quiere nada en especial, sólo el poder que da el dinero.

—Su madre quiere un regalo caro del padre, qué hará con tal regalo no sé.

—Quiere algo caro, algo lujoso que la embellezca, tal vez algo que pueda lucir ante las otras mujeres. Algo que sea un símbolo del poder de él, con lo que se pueda pavonear, no los regalitos modestos que él acostumbra darle.

—¿Y la novia de Larry, por qué cualquier cosa le basta?

—Cualquier cosa, ella quiere a Larry más que a nada. Cualquier cosa que le demuestre el aprecio de él.

—Ella es inteligente.

—Sí, ella no entiende mucho de lo que él hace pero sabe que es una tarea importante, que él es un hombre de bien. Y está orgullosa de él.

—No alcanzo a oír bien, los comentarios, han abierto los paquetes y están contentos. Larry les ha dado exactamente lo que querían. Ahora ha salido a la calle y sabe que los ha hecho felices. Si él estuviera aquí le preguntaría cómo se siente él.

—Está contento de haberlos tranquilizado, y de saber que puede volver a ellos.

—¿Estaban conformes con la cantidad de trabajo que hizo?

—Sí, muy conformes.

—Cuénteme algo más. Ya se está zambullendo en esos libros... Al menos dése tiempo a respirar.

—Había una carta de Montreal, están muy conformes con lo adelantado.

—¿A quién vio en Columbia? ¿al mismo que lo llevó a almorzar?

—Sí, y me presentó a otras personas del Departamento.

—Por favor, levante la cabeza de esos papeles, esto me está empezando a intrigar a mí también, después de todo es sobre mí que quieren investigar.

—Hábleme, lo escucho.

—Antes eran las revistas, ahora son los libros. ¿Puede leer y conversar al mismo tiempo?

—Ajá, Ford es el único que no puede hacer dos cosas al mismo tiempo.

—¿Henry Ford o el que fue presidente?

—El presidente. Siempre se andaba tropezando en la escalera de los aviones, y dándose cabezazos, dicen que no podía caminar y mascar goma al mismo tiempo.

—La verdad es que entiendo mejor lo que me dice cuando me mira de frente.

—La gente de Montreal sugiere que yo trabaje allá.

—¿En Columbia?

—No, en Montreal.

—¿Y eso por qué?

—Facilitaría algunos trámites.

—Burócratas.

—Exacto, burócratas.

—Pero está fuera de discusión, sus padres... y su novia, aunque debí nombrarla primero, no lo permitirían.

—Hace quince años de aquello.

—El tiempo no pudo haberla cambiado, era una joven maravillosa, nada pudo haberla echado a perder.

—Hace años que no la veo.

—Ella no va a querer que se vaya tan lejos.

—Alto, oiga, ya no tengo nada que ver con ella.

—No es posible, si fuera verdad... significaría que está... muy preocupada en estos momentos. Tanto como ella lo cuidaba... Ahora sí que me preocupa usted...

—Nada. Tiene su vida aparte ahora, es otra persona, totalmente cambiada. No le importa más si yo voy o vengo. Muy de tarde en tarde nos telefoneamos.

—Entonces usted se equivocó, creyó que ella era cierta clase de persona, y era otra.

—No, en absoluto. La gente cambia enormemente con los años, y a veces necesita apartarse de su medio anterior.

—¿Apartarse? Usted tal vez, pero no ella...

—Ambos necesitábamos separarnos. Ella nunca fue realmente como se la describí.

—Cuando termine más tarde con esos papeles, va a ir derecho a casa porque ella lo espera, como todos los días ¿no es así?

—Muy bien entonces, como usted quiera, ella misma me dijo que no le importaría si me iba a Montreal.

—¿De veras?

—Ella sabe que es importante para mi trabajo, es comprensiva, como fue comprensiva aquella noche, en que se la presenté a mis padres. Ellos también serán comprensivos.

214

—Me está ocultando algo.

—...

—Está bien, para usted ella cambió, pero ése es su punto de vista. Habrá una razón por la cual estoy convencido de lo contrario, pero no se la puedo plantear. Ella me gusta mucho y hasta que usted no me dé pruebas de lo contrario seguiré creyendo que es la misma de antes.

—Nunca la conoció. De ella sabe lo que le he contado y nada más. En base a mis impresiones de hace muchos años, un poco lo que ella era, y un poco como me la imaginaba, no es sobre una persona real que estamos discutiendo.

—¿A qué hora regresa ella a casa, del trabajo?

—Un poco después que yo. Prepara la cena para los dos, a veces pelo las papas, entre ambos lavamos los platos. La cena es buena hora, excepto cuando me quejo de la comida, y ella se enoja.

—¿Qué pasa con la comida?

—A veces las papas no están bien cocidas o aunque lo estén no saben bien, porque son papas de mala calidad, partamos de eso. Tenemos algunas horas para estar juntos, a veces salimos a caminar, sin rumbo fijo, miramos vidrieras, cosas que no podemos comprar, no nos alcanza el dinero, y no hablamos casi al caminar, estamos juntos por costumbre. A la noche me gusta leer novelas, pero si ella está cerca me hace sentir culpable, porque es una lectura que no conduce a nada. La televisión sí está descartada, estamos de acuerdo en no comprar jamás un aparato, no queremos volvernos como nuestros padres, pero sin querer tenemos cada vez más altercados, como ellos. El departamento es muy viejo, necesita muchas reparaciones, yo prometí ocuparme, hacer esto y aquello, le prometí dejarlo hecho una joya, pero no arreglé nada, y ella está rabiosa contra mí por eso. Yo

215

no estoy construyendo un hogar, ni aporto dinero suficiente.

—...

—A la noche, tenemos que acostarnos temprano, para ir al trabajo al día siguiente. No pasa gran cosa en nuestras vidas, hasta pareciera que hemos caído en una trampa. Ella gana más dinero que yo, yo odio mi empleo, no quiero trabajar y punto. Pero tampoco sé qué otra cosa quiero hacer. Sé que no quiero seguir haciendo lo que hago, pero no tengo ambiciones. Me gustaría estar más tiempo con ella.

—¿Ninguna ambición?

—Después de un año así decidí volver a estudiar a la noche. Mi esposa se puso muy contenta, por fin iba a hacer algo con mi vida, yo también estaba más contento, tenía algo a que asirme.

—¿A qué hora son las clases?

—De seis a ocho. Voy directamente desde mi trabajo, después cenamos juntos, y en seguida tengo que ponerme a estudiar. Vida dura, no queda tiempo para nada. En el fin de semana hay que estudiar también, para sacar buenas calificaciones, y conseguir una beca.

—¿Qué hace ella mientras usted estudia?

—También ella ha vuelto a estudiar, los dos estudiamos. No hay tiempo para estar juntos, es como vivir en el mismo cuartel.

—¿Hay una criada que ayude con el trabajo de la casa?

—No sea ridículo. Nadie tiene criadas aquí, más que los ricos. La esposa es la criada.

—¿A qué hora ella se ocupa de eso?

—Tarde a la noche, antes de ir a dormir. Ni siquiera las camas están hechas, ella tiene que hacerlas. Limpiar el baño, sacudir un poco el polvo, levantar la basura del suelo. Los sábados tocaban las tareas mayores, supermercado, lavandería, limpieza a fondo de la casa, alguna compra extra. Lo hacíamos juntos. De vez en cuando nos concedíamos un premio, y comíamos afuera. Pero no muy a menudo. No me gustaba llevarla a lugares, me daba miedo de que viese otros hombres, y le gustaran. Era muy atractiva, y los hombres la codiciaban. Cada vez que pasábamos junto a un tipo apuesto yo la observaba, para ver si lo miraba. Me moría de celos, pero no lo manifestaba. No le decía una palabra. La furia se me iba acumulando por dentro.

—¿Cuál es el restaurant favorito de ella?

—Le gusta la comida italiana.

—¿Hay mucha gente en el lugar?

—Sí, repleto. Hay un tipo sentado en una mesa frente a la nuestra, con su novia. A cada rato mira a mi mujer, sin dejar de hablarle a su pareja. Me molesta. Y empiezo a echarle ojeadas poco amistosas.

—¿Cómo es él? ¿mayor que usted?

—Sí, es mayor. Se acerca a los cuarenta. Es más voluminoso y más alto, rubio, de facciones regulares, bien vestido. No cabe duda de que está interesado en ella, y no lo tolero. Me causa una pésima sensación, como si mi lugar no estuviera al lado de ella, como si no la mereciese, ¿acaso no está perdiendo el tiempo conmigo? ella debería estar con él.

—¿Cómo es la mujer que está con él?

—Apenas si la veo, me da la espalda.

—¿Qué va a hacer el hombre? ¿se pondrá de pie y vendrá a la mesa a hablar con la esposa ajena?

—No, es lo que querría hacer pero no lo hará. Mi mujer se da vuelta para ver a quién estoy mirando. Los ojos de ambos se encuentran. Ella vuelve a su posición y continuamos nuestra charla. Estudio su expresión, para adivinar lo que siente, pero no me entero de nada.

—Es una muchacha muy inocente, alguien debería

217

sentarse con ustedes, frente a ella, para ocultarle la visión de ese hombre. Siento que no es buena persona.

—Ella no alcanza a verlo, tiene que darse vuelta para verlo. ...Sí, es verdad, es inocente, pero hay algo que se agita en su interior, que en seguida olvida, o posterga. Algo que va a perturbar nuestra relación. Cosas que están allí presentes, y yo las capto.

—Yo no puedo ir al restaurant, porque estoy enfermo, pero a veces se encuentran amigos por casualidad, y el padre de Larry da la coincidencia que está entrando al local. ¿A usted le daría gusto invitarlo a la mesa?

—No tengo problemas con él, ya no ofrece gran peligro.

—¿Dónde lo hará sentar?

—En cualquier parte.

—No, en un lugar donde proteja a su esposa de la vista del hombre.

—De acuerdo.

—¿Sigue ese patán mirando a su mujer?

—Sí, es muy atrevido, sigue mirándola. Está muy interesado en ella, más que en la mujer propia. La abandonaría con ganas, llevado por el entusiasmo de la novedad.

—Su esposa no tiene nada más que temer, hay dos hombres dispuestos a defenderla.

—Ella siente que carga con dos palurdos, mientras que cerca hay un desconocido.

—¿Qué piensa ella que ese hombre le podría ofrecer?

—Algo nuevo. Aventuras. Romance. Misterio. Sexo. Alguien más libre, más poderoso.

—¿Aventuras? ¿de qué tipo?

—No lo sé. Algo nuevo, y diferente, con una persona que no es previsible, que puede hablar, e imaginar cosas, libremente. No como yo, con mis esquemas, y obsesiones.

—¿Qué se entiende por romance?

—La conversación de él es fluida, sabe cómo cautivar, cómo ganarla de su lado. Tiene seguridad en sí mismo.

—¿Le trae regalos?

—No es importante, no hay necesidad. La lleva a cenar.

—¿Hay alguien mirándola, en el restaurant donde él la lleva a cenar?

—Ella lo mira a él, se olvida de lo que hay alrededor.

—Usted a continuación mencionó sexo.

—Con el otro sería mejor, duraría más. Él no sentiría ese ansia en su verga por eyacular, no tendría que esforzarse tan bárbaramente. Es fatigoso para él a veces, justo cuando la mujer está por empezar su orgasmo él larga todo lo que tiene adentro, ¡sabotaje! Pero después se siente pésimo. El otro tendría una verga de acero, no sentiría ningún ansia, no se le ablandaría nunca en medio de la acción. La bombearía al infinito, hasta hacerla gritar.

—Usted también mencionó el misterio, como otro elemento más.

—Él no está atado a ninguna rutina miserable. No trabaja en un empleo de mierda, no sale y entra a la misma hora cada día. No está cansado al fin del día, lloriqueando sobre sus carencias personales. Su imaginación es libre.

—Si ella lo prefiere porque no lo conoce, se decepcionará fácilmente en el momento de descubrir quién es.

—¿Por qué dice eso?

—Al llegar a conocer a alguien, esa persona se vuelve previsible, ¿o me equivoco? tan previsible como usted lo es para ella.

—Tal vez tenga razón, pero siempre imagino al otro tipo como un superhombre, sin mis limitaciones.

—Larry, veo que le gustaría estar libre de limitaciones, a mí también. ¿Cómo sería usted, libre de limitaciones?

—Si pudiera imaginarme libre no habría problema ¿no se da cuenta acaso?

—No se preocupe, está estudiando con todo empeño para conseguir esas calificaciones altas, le darán la beca a que aspira.

—Fue una época mejor cuando los dos volvimos a estudiar. Nos sentíamos más libres, intercambiábamos ideas, jugábamos, íbamos al cine.

—¿No había más empleo de mierda, como usted decía?

—Sí, por fin me había librado. Una maravilla ser estudiante durante algunos años. Nos revolcábamos en la cama a la mañana, besándonos y haciéndonos tomas de lucha libre. Si era la mañana de un día de trabajo en general no hacíamos el amor. Lo reservábamos para la noche. ¿Qué hacemos, lo reservamos para la noche o no? uno se tienta, pero las clases son a las diez, y ya son las ocho y media, y tengo que desayunarme, y releer ese artículo. Una voltereta más y nada más. Los dos queríamos más casi siempre, y yo la atizaba, la lamía. Pero había que guardar un poco de energía para los estudios del día. A veces la provocaba, penetrándola apenas. Pero después me visto, sujetando mi erección bajo los pantalones, tengo que prestar atención al cierrerrelámpago. De otro modo no arrancaríamos para ninguna parte.

—...

—Nos desayunábamos a último momento juntos, antes de ir a nuestros respectivos cursos.

—¿Qué había servido en la mesa?

—Pan tostado, jugo, huevos, cereales, lo que quisiéramos.

—¿Prepara ella el desayuno?

—Nos turnábamos, señor Ramírez.

—Hoy le toca a ella.

—Ella preparaba el desayuno cubierta con apenas la trusa, casi siempre. Freía unos huevos, hacía café fresco. Tendía la mesa con servilletas, mantequilla, dulce, jugo. Encendía la radio, y seguía hablando. Colocaba el pan en la tostadora, regaba las plantas, fumaba. Le miro el pecho cuando se inclina para sacar leche de la nevera. Me sirve el café, hirviendo. Yo la apretujo mientras me llena la taza. Se sirve también ella y comemos y conversamos. Estamos contentos de no haber hecho el amor, de haberlo reservado para la noche.

—¿Estudia usted camino a la clase?

—Sí, en el tren subterráneo.

—¿Tiene buena memoria? ¿recuerda fácilmente lo que lee?

—Memoria excelente. Registro todo como una computadora. Mi cerebro clasifica y asocia el material, me es fácil. Los profesores me ponen buenas notas.

—¿Qué dicen ellos?

—De algunos soy el favorito. Especialmente en mi propio campo, ven un gran futuro por delante mío. La verdad es que muy acertados no estuvieron.

—¿Los demás alumnos también lo aprecian?

—Me tienen celos, pero no les presto atención. No me interesan. Me basta con los profesores y mi mujer, eso es lo que me interesa, que ellos tengan fe en mí. Me mantienen a flote.

—¿Le interesaba alguna materia en especial?

—Fue en los últimos años de la carrera que me interesé en marxismo, después de estudiar Historia por secula seculorum. Todas las piezas parecían caer en su lugar, por fin una teoría que daba base, y hasta una explicación a todo el odio, resentimiento y rebeldía que sentíamos, por nuestra sociedad.

—...

—Era regocijante, liberador. Me sumergí en mis estudios, con un apetito voraz. Era como si a una parte mía confusa y balbuciente se le hubiese dado un lenguaje para expresarse. Todavía sigue siendo parte integrante mía.

—¿Dónde está ubicada? ¿en sus pulmones? ¿dentro de su cráneo? ¿en la garganta?

—¿Qué clase de pregunta es ésa?

—¿Está en sus manos?

—En mis rodillas y codos. ¿Qué estupidez es ésa? no tiene sentido.

—...

—Pues, si quiere una respuesta, en mi cabeza y manos.

—...

—Sigue formando parte de mi ser, esperando el momento propicio para volver a manifestarse.

—...

—Me habían bombardeado con ideologías desde niño, la prensa, la televisión, las campañas políticas, la publicidad, la religión, la escuela, y las había detestado a todas pero casi sin saberlo, vagamente, sin darles una respuesta coherente. Asqueado me volqué en la literatura, en el refinamiento, en algún contrapeso cultural que oponer a ese atado de mentiras, y falacias mal propuestas. El marxismo me pareció la respuesta, el modo de mantenerme íntegro, y entrar, en la realidad social, no huir de ella.

—¿Era parte de un curso?

—Había un profesor, oscurantista total, metido en filosofía alemana, que se servía de Marx para ilustrar varios principios metodológicos. Pero de todos modos teníamos que leerlo, y eso fue suficiente para entusiasmarnos.

—¿Les hablaba en contra de Marx?

—No, le gustaba, pero creía que había puntos que él entendía mejor que Marx. De todos modos le estoy agradecido al hombre este por haberme iniciado. Estuve en un grupo político durante un tiempo, un grupo marxista, pero en este país esa gente es imposible. Totalmente alejados de toda base social. Las discusiones, las luchas internas, las maniobras, injurias, choques de personalidad volvían la cosa intolerable, y me tuve que ir.

—¿Eran terroristas?

—No, se aterrorizaban entre ellos, nada más.

—¿Alejados de toda base social?

—Discusiones interminables sobre la clase obrera, sí, pero ni un solo obrero en el grupo. Discusiones bizantinas y talmúdicas. Así no había modo de atraer al grupo a ningún trabajador.

—Podría haber incorporado a su padre.

—Él habría sido el último en interesarse. Él quería escaparse de la clase obrera, ser propietario de su propio negocio.

—...

—Hay un peligro especial, en el marxismo, para la gente joven, aparte de la coherencia moral y la voz que da a tantos sentimientos diferentes. Constituye una tal crítica de la sociedad y es tal la misión que se propone, desplaza de tal modo otros problemas, que la gente joven al abrazar el marxismo encuentra muchas veces la manera de negar la necesidad de una más profunda exploración de la propia psiquis.

—...

—El marxismo sostiene que la supervivencia, y evo-

223

lución, de la especie humana, depende del derrocamiento de las relaciones sociales capitalistas, ya que el sistema tiende a ser más y más destructivo. ¿Habría acaso un propósito moral más alto?...Existían dificultades personales mías que logré posponer cuando me sumergí en el marxismo. Mis dificultades con las mujeres, problemas sexuales, dificultades para conseguir trabajo, para ser concretamente agresivo en mi carrera y resolver mi economía, todo eso iba por un lado, y por el otro venía mi agresividad abstracta en cuanto al derrocamiento de la sociedad. Eso me permitía permanecer concretamente pasivo, puesto que mis ideales eran ostensiblemente dinámicos y agresivos.

—Me desagrada el tema. Hable de otra cosa.

—Usted también estudió y enseñó a Marx. Pero no se conformó con la teoría como yo, usted actuó.

—¿Quién llega antes a casa, usted o su esposa?

—Depende de la noche, volvemos a casa a horas diferentes. Pero sabemos que el otro vuelve pronto. Éramos como dos chicos, compañeros de juegos. Inseparables.

—¿Volvió a ver al hombre del restaurant?

—No, pero hubo muchos otros.

—Ella no los está mirando, no puede, tiene el campo visual obstruido.

—Tiene razón, ella no los miraba. Pero en ese entonces yo no lo sabía. Inventaba dificultades.

—Pero ahora lo sabe. Y ella no quiere que vaya a Montreal. Teme que le pueda pasar algo, si lo deja solo.

—¿Quiere venir usted también?

—¿Adónde?

—A Montreal.

—No quiero ser una carga... Pero tal vez, no sé... tal vez podría serle de alguna ayuda allí.

—Tal vez...

—Sí, claro que me gustaría ir. Si mi salud mejora es-

toy seguro de que sería capaz de recordar más. Ellos insisten en que es todo mental, pero yo creo que es nada
más que una debilidad física, es mi sangre la que está
debilitada... y no irriga mi cerebro como se debe. Si me
fortalezco las cosas cambiarán.

—Mire que usted es retorcido.

—Fea palabra.

—No hace más que lloriquear y en el fondo es duro
como un cuerno.

—Larry ¿por qué no vuelve a sus libros y me deja un
poco en paz?

—Buena idea.

—Este jovencito se cree que los viejos somos tontos. Vaya error de apreciación. Como si hubiera mejor escuela que la experiencia de la vida misma. Cree que no me he dado cuenta de nada. En fin... si no tuviera tanto cansancio me levantaría y descorrería la cortina para ver caer la nieve noctámbula, sobre la plaza moscovita.

—Ese viejo está siempre distraído, no se percata de nada. Le robo constantemente papel para imprimir volantes clandestinos en sus propias maquinarias, y él en lo único que piensa es en tomar sus medicinas contra el resfrío.

—Qué bella la plaza, esas torres doradas del templo lanzan un reflejo esperanzado aún de noche. Luna sobre el río Móskova, tal vez su claridad sea cómplice de los esbirros del zar. Ese jovencito incauto ha ido a repartir volantes quién sabe dónde, sí, creo adivinarlo, hay una huelga de hambre dentro de una escuela, los maestros se han encerrado allí, en protesta contra crímenes notorios.

—Imposible borrar las huellas sobre la nieve, si la policía se propusiese seguirme me hallarían en un santiamén. Pero tengo que llegar hasta el edificio contiguo a la escuela, escalar el muro, y desde el techo lanzarles una lluvia de solidaridad. El mensaje de todos los oprimidos rusos les llegará si yo logro encaramarme hasta ese tejado resbaloso.

—Una patrulla zarista. Por más que la nieve sofoque el taconeo de las botas, me llega lo mismo su olor a buitre, del pico ganchudo les cuelga carroña, no saben usar

227

servilleta después de su funéreo festín.

—Ese viejo está siempre distraído, no se percata de nada. La jovencita que vive en su casa es de facciones muy finas, pómulos altos, nariz delgada, cráneo esculpido.

—La niña que vive en mi casa es alta, incluso majestuosa para su edad.

—La ropa casi de niña delata de todos modos que tiene muy buena silueta. La ropa es púdica, nada provocativa.

—La niña que vive en mi casa es una muchacha seria.

—Su recato la hace más atractiva. El viejo no sabe que estamos secretamente comprometidos. Nuestra reticencia en contárselo se debe al temor de que lo tome a mal y me eche del empleo. Y eso sería fatal para un pobre mujik.

—La niña está enamorada de ese pelagatos. Me di cuenta hace tiempo. Se trata de un jovencito inmaduro si los hay, pero en el fondo no es malo. Por lo menos a él lo conozco, como la palma de mi mano, lo prefiero a él y no a un extraño. Además, los de mi sexo somos así, un atado de defectos, egoístas y tercos, mañosos, la pobre pues no tendrá mucho para elegir.

—Unos pasos más, cautelosos, y ya por este tejado me acerco al gran hueco del patio de la escuela, y ahí van, planeando por el aire, las hojas blancas, cargadas de fe.

—¡A lo lejos disparos! Algún encuentro de los buitres malditos con grupos de resistencia popular. O tal vez toda una patrulla le esté dando caza a un solo hombre, que es un atado de defectos, egoísta y terco, mañoso, inmaduro, pero en el fondo no del todo malo.

—Maldita nieve, las huellas me van señalando, todas las puertas se cierran, los oigo más y más cercanos, son graznidos de pajarracos perversos, les bastarán pocos minutos más para alcanzarme.

—Los esbirros se dirigen hacia esta parte de la ciudad, no cabe duda de que es a él que persiguen, lo que me extraña es que se atreva a pedirme asilo. Por esta puerta abierta podrá entrar, si tardan un minuto más en llegar los zaristas no verán por cuál de las puertas de la callejuela ha desaparecido.

—¡Gracias, señor!... le extrañará... que haya corrido así... me perseguían bandas de ladrones...

—Sé muy bien bandas de qué lo persiguen, por eso lo esperé con la puerta abierta, no me trate de patán.

—¡Golpean! ¡¡Son ellos!!

—No tema, lo protegeré... ¡Y adelante, señores defensores del orden! Sí, sé muy bien lo que buscan, y aquí está esperándolos. Ese miserable que se valió de mi ingenuidad para encubrir actos que atentan contra la ley. Pero antes, si me lo permiten... querría agradecerles la gentileza con un buen trago fuerte, el mejor aguardiente del imperio del frío. ...Así me gusta, apuren la copa, ¡porque hay varias botellas más en mi cantina! ...Eso, otra, ¡sí, cómo no les voy a ofrecer otra más! ¿Les está ya calentando las tripas? ¡Así me gusta! ...y ahora otra más, ésta para calentar el corazón... ¡Y otra más! sí, ésta para calentar los pulmones...

—Señor... usted... usted me está salvando... Mírelos como caen, parecen bestias adormecidas.

—No insulte a las bestias. Pero no hay tiempo que perder, prepara el trineo mientras yo llamo a la niña, debemos huir, y sé que sin ella nunca partirías.

—Señor... qué distinto lo creía yo...

—Ella duerme, la levanté en brazos y todavía no se ha despertado. Es el miedo que no le permite abrir sus grandes ojos, conozco muy bien esas tretas de un corazón asediado por la adversidad. Ocupa tú el sitio del cochero y arranca ya, que debemos ganar todo el tiempo posible.

—Señor... El sitio del cochero es el sitio del que marca el rumbo. Yo no sé dónde ir.

—Eras mañoso tú, ya lo decía yo. Lo que quieres es colocarte junto a ella. Pues no lo permitiré, yo desde aquí te indicaré la ruta.

—Está... bien..., señor.

—Estás llorando, muchacho, por segunda vez oigo tu voz romperse.

—¿Me vio ya llorar? Es el agradecimiento, señor, usted me ha salvado la vida, pero al precio de poner en peligro la suya, y la de la niña.

—La vida de ella está ya irremediablemente unida a la tuya, lo que nos suceda a ti y a mí la implicará sin más.

—Gracias... señor....

—No llores hombre, toma el ejemplo de esos perros, cumplen con lo suyo sin comentario alguno... mira cómo se abren paso por la estepa sin fin... Y a todo esto, bien, ¿por qué no? pásate un rato atrás, yo empuñaré las riendas. Pero abrázala bien, cuídamela, aunque bien sé que no te resultará trabajoso abrazarla.

—Gracias... señor, usted trabajó muy duro en su profesión ¿no es así? Fue muy empeñoso, diligente, se ve que tiene entrenamiento académico, como yo. Y esos hábitos de trabajo fueron adquiridos con esfuerzo, y hasta dolor. Pero llegó el momento en que empezó a querer a su trabajo, ya no le resultaba doloroso; lidiar con libros y abstracciones, y tópicos ajenos a la vida diaria, se le tornó placentero, confortable ¿acaso no fue así?

—Supongo que sí ¿pero qué habría de malo en ello?

—Es bueno trabajar, pero lo bueno puede volverse peligroso, puede seducirnos. Porque es bueno y redunda en logros, en conquistas, y porque se está desarrollando una tarea socialmente válida, la mente aprovecha para así desentenderse de otros quehaceres dolorosos o difíciles.

—¿Por ejemplo cuáles?

—Se sacrifica a la familia en nombre del trabajo.

—¿Y ése sería mi caso?

—Usted es el ejemplo de lo opuesto.

—Gracias...

—No, no... gracias a usted... mil veces gracias... bondadoso señor...

—Me parece oír la proximidad de asesinos zaristas, agárrala fuerte, azotaré a los perros para avanzar más velozmente aún.

—Yo velaré por ella, pierda cuidado. Y cuando se le fatiguen las manos de empuñar las riendas yo lo reemplazaré en su puesto. Así se hace... entre compañeros.

—Maldita nieve, las huellas del trineo nos van señalando. Los esbirros nos siguen.

—Sí, señor, ¿no está usted de acuerdo en que son buitres malditos?

—Sí, pajarracos perversos.

—Señor ¿y no está de acuerdo usted en que del pico ganchudo les cuelga carroña, porque no saben usar servilleta después de su funéreo festín?

—Son exactamente las palabras con que yo habría tratado de definirlos. Jovencito, veo que estamos de acuerdo en todo, lástima que ya se acerque el enemigo y quede poco tiempo para conversar.

—Señor... ¡señor! tengo miedo... hay verdadero peligro esta noche, necesito el apoyo de... alguien. Señor... disparan sus armas contra nosotros...

—Baja la cabeza, no ofrezcas blanco...

—Señor... han herido a todos los perros... ¡los han herido de muerte!

—Sí... pobres animalitos tan buenos ¿por qué les

toca morir siempre a ellos?... hasta último momento nos acompañaron...

—Señor, los zaristas se alejan, nos han debido creer muertos. Han torcido rumbo al sur.

—Y nosotros siempre al norte, donde hace más y más frío.

—Señor... los perros quedan allí manchando la nieve de rojo, pronto la tempestad los cubrirá con su cándido manto... ¿pero cómo es entonces que seguimos avanzando? no me lo explico... en esta ventisca blanca no logro ver más allá de un palmo de mis narices...

—Avanzamos lentamente pero avanzamos. Soy yo quien tira del trineo, mientras las fuerzas me den.

—¿Usted? cómo es posible... usted es un viejo siempre enfermo...

—Dentro de algunos momentos, si las fuerzas me abandonan... tú tomarás mi puesto...

—Señor ¿tendré la fuerza para arrastrar tras de mí el trineo?

—Verás que sí...

—Señor, ya son varios los blancos paisajes que hemos cambiado, déjeme usted que lo sustituya... Pero con una condición, de que cuide con toda premura a esta niña, de que no olvide de velar por ella en ningún momento.

—¿Tú pretendes enseñarme a mí a velar por ella, lo que llevo haciendo toda una existencia?

—Señor ¿hace tanto que la conoce? yo creí que nunca la había visto en la vida.

—Qué atrevido patán. Pues... ¡pues toda su vida la he cuidado!

—¿Y por cuál razón, ya que no es su hija? Si me da una valedera le creeré.

—¿Si yo hubiese olvidado tal razón, me permitirías lo mismo seguir ocupándome de ti y de ella, como hasta

232

ahora?

—Señor, eso habrá que pensarlo.

—Es... por... por favor, que lo... pido.

—Señor, se le está acabando el aliento...

—Jovencito ¿por... por qué camino... al norte? no sé bien... por qué pusimos rumbo... a la estrella polar.

—Señor... así nos alejamos del mundo zarista, así podremos salvarla.

—Me dirás cuando es... que te cansas, yo la llevo abrazada, y no sé por qué... me parece estar viéndola por primera vez.

—Usted la está viendo realmente por primera vez, confiese, olvide su tonto orgullo.

—...

—Confiese, señor.

—...

—El que calla otorga, dice un refrán.

—Basta con que ella no se dé cuenta, si es así no me importa admitirlo. Ella duerme, no escucha. Pronto estaremos fuera de todo peligro.

—Señor, no gaste su aliento en palabras, pronto deberá volver a este puesto.

—Y lo mismo va para ti, no gastes tu aliento en palabras. Hasta que de veras estemos fuera de todo peligro.

—¿Hace mucho frío afuera?

—Sí, es un hielo.

—Se me ve pésimo ¿verdad?

—No peor que de costumbre.

—En fin, no será por falta de malas noticias.

—Guárdeselas.

—Me temo que le conciernen. El médico a cargo de la sección me dijo que estaba muy contraindicado, en mi caso... viajar.

—¿Qué tiene que ver conmigo?

—No creen que debería volver al Hogar, dicen que Nueva York ya es demasiado frío. Montreal sería imposible. Además de lo cansador del traslado.

—No sé qué decir.

—Éste no es mi médico personal, atención. Yo le tengo confianza al que me asignó el Comité únicamente.

—¿Cuánto hace qué habló con él?

—La semana pasada, ¿no? Fue quien insistió en que me quedase aquí unos días más.

—¿Usted qué siente? ¿qué quiere hacer?

—El hospital me deprime. Que no mejoro es evidente, pero le echo toda la culpa a este maldito lugar. Ni bien me vaya estaré mejor.

—¿Adónde quiere ir?

—A Montreal, ¿dónde va a ser?... ¿Ya se está zambullendo en esa lectura espantosa?

—Sí, hay mucho que hacer.

—¿Qué día de la semana es hoy?

—Viernes.

—Hoy se le paga para que venga a verme, son tres paseos en la silla por semana.

—¿Está en condiciones de que lo saque?

—No creo... Si hace tanto frío, especialmente. El médico me lo prohibió. Más aún, quiero yo mismo cuidarme en lo posible, para poder viajar pronto. ...Sabe una cosa, estar aquí me ha debilitado terriblemente. Cuando el enfermero me lleva al baño me atacan más y más mareos... No mejoro, y es todo culpa del lugar.

—¿Entonces de qué quiere hablar?

—Cuénteme qué le preparó ella de desayuno, esta mañana.

—¿Por qué, tiene hambre?

—No pude tocar la bandeja del almuerzo. Ese médico idiota me arruinó el apetito esta mañana, con sus pavadas. Pero ahora sí, comería algo, pero no me decido a pedir nada.

—...

—¿Por qué tiene esta gente de Montreal que meternos en tal lío? No veo la necesidad de que nos traslademos todos hasta allá, usted, su mujer y yo.

—Es cierto. Pero son ellos los que patrocinan el trabajo, e imponen las condiciones.

—El trabajo se podría hacer aquí mismo.

—Pero entonces no pagarían.

—¿Pero y si su esposa de veras no acepta quedarse sola? ¿Y si a mí no me permiten viajar al norte?

—Le he dicho que hace años que no vivo con ella. Si usted no quiere que vaya dígalo. No hay necesidad de apelar a personajes ficticios. Diga lo que siente, de otro modo imposible hablar.

—Lo único que pido es que ella no esté muerta.

—Goza de buena salud, y vive sola. Si estuviese muerta no se quejaría de mi ida a Montreal. Es usted quien no quiere que vaya. El por qué no sé, ambos nos beneficiaríamos.

—Me dijo que le había llegado la beca, no veo entonces cuál es el problema. Más aún, me iba a decir qué desayuno le preparó ella hoy, detalladamente.

—Le agradecería que tuviese un poco de respeto por mi vida. No por lo que fue mi vida pasada, o como se la quiera imaginar, para su propio beneficio, que estoy lejos de entender cuál sea. Pero respeto por mi vida tal cual es en el presente.

—¿Respeto?

—No respeto, sino reconocimiento de la realidad. Hace cinco años que estoy divorciado.

—Me dijo que todos los problemas se solucionaron cuando llegó la beca, y le creí. Ahora quiere que le crea lo contrario, y no puedo.

—Pues no lo crea.

—Está bien, ya ha puesto a prueba mi paciencia, ahora déjese de bromas y cuénteme del desayuno.

—Tomé un vaso de jugo de naranja y un yogurt. ¿Y usted?

—No recuerdo. O sí, no pude probar bocado, después de los comentarios imbéciles del médico.

—...

—La falta de alimento me está debilitando, tengo que pedir algo de almorzar antes de que sea demasiado tarde. Por supuesto que si me cuenta lo que ella le preparó de cena anoche se me va a abrir el apetito.

—¿Qué quiere comer?

—Únicamente lo que ella le cocinó anoche.

—Señal de que no tiene hambre real.

—Tengo necesidad de volver a verla, pronto... Nada sería más doloroso que dejar de verla... no verla nunca más...

—¿De qué está hablando? jamás la vio.

—Tal vez habría sido mejor así. Porque ahora necesito volver a verla, y oírla, convencerme de que está presente. Pronto acabarán la carrera, y aunque sé que a usted le gusta la vida de estudiante, se avecinan cosas mejores, para usted y para ella.

—No, se hizo más difícil cuando nuestra vida de estudiante terminó. La vida del estudiante es en parte imaginaria, uno vive en siglos diferentes, en diferentes partes del planeta, y todo eso da una gran sensación de libertad. Cuando empezamos a trabajar las cosas cambiaron, la cruda realidad se hizo presente, me dieron un puesto de profesor que me absorbía mucho tiempo; preparar las clases a la noche y durante el fin de semana, un trabajo que además estaba muy mal pagado.

—¿No era acaso un trabajo agradable?

—Sí, lo admito. Pero yo me impuse presiones extra, para hacer un gran papel, y eso lo volvía difícil.

—¿Presiones extra?

—Sí, tenía que complacer a todos los alumnos, y ser admirado por todos los profesores. Por alguna razón mi identidad pasó a depender de eso. Tenía que brillar y ser la estrella. Es curioso como uno se impone esas faenas. Tenía una hermosa mujer, un cerebro que me funcionaba, qué necesidad había de más...

—De modo que otra vez se puso a trabajar después de la cena.

—Sí, me impuse trabajo extra.

—Hay papas en la mesa ¿están bien cocidas esta noche?

—Sí, están bien, pero ha comenzado a haber desacuerdos.

—Tonterías, apenas.

—Yo estaba feliz con mi empleo, y me sumergía cada vez más en el trabajo. Minuto libre que tenía tomaba notas y leía. El estudio era interminable, de Marx se retrocede hasta Hegel, de Hegel al idealismo alemán.

Todo un mundo de riquezas se me abría. Y me absorbía totalmente. Mi mujer se disgustó. "Me parece que estoy compitiendo con Marx y Hegel", me decía. No hay razón para que dos personas se aburran la una de la otra, jamás. ¿Acaso se agotan las incógnitas de un ser humano? Las cosas que se van descubriendo el uno al otro, de sí mismos, ¿acaso algo así puede aburrir? Pero bien que me aburrió. Los dos solos en ese departamento grande, sin hijos, únicamente gatos. Libros y papeles. A veces el sexo era el único aliciente. Después de trabajar separadamente por la noche, más interesados en los libros que en la pareja, hacíamos el amor mecánicamente, por aburrimiento, por falta de otro estímulo, y nos caía bien, nos tranquilizaba, pero eso era todo, y ahí es donde empieza el aburrimiento. Yo quería una mujer nueva en mi vida. O por lo menos eso fue lo que creí. Tenía fantasías con todas las mujeres que veía. Mi vida imaginaria creció como hierba mala. Me empezó a gustar la vecina de arriba, cuando estaba solo me masturbaba pensando en ella.

—¿Qué es lo que le dice, la vecina de arriba?

—Es ama de casa, y la he convertido al marxismo. Se pasa buena parte del día leyendo paparruchas filosóficas y económicas. Se entusiasma mucho. Sostenemos discusiones largas, nos damos cuerda el uno al otro.

—Sí...

—También ella está aburrida del marido. Somos interesantes el uno para el otro. A veces baja a conversar, cuando mi mujer no está. Le hago un té, y nos hacemos buena compañía. Cada vez me siento más atraído hacia ella. Parece más y más cariñosa. Pero el hijito le lleva demasiado tiempo. Necesitamos estar solos, hacer el amor. Con gusto intercambiaría esposas.

—¿El marido sospechaba algo?

—No, era demasiado tonto.

—Su esposa de usted, no gustaba de él.

—Ella empezó a salir con otros hombres. A escondidas. Pero dando la evidencia suficiente para que yo sospechase algo. Trataba de provocarme, de atraer mi atención. Para que la volviera a querer. Cada vez se atrevía a ir un poco más lejos.

—¿Qué es lo que usted tiene que estudiar esta noche, después de cenar?

—Cada vez nos alejamos más el uno del otro. Ya no hay modo de cambiar las cosas. Vivir juntos resulta intolerablemente vacío, algo tiene que explotar.

—¿Consigue complacer a todos los alumnos? ¿Lo admiran todos los profesores?

—Algunos sí, otros me odian. Es una universidad católica. Tengo enemigos adentro. La rectoría está tratando de librarse de mí. Es un lugar de tercera categoría, de todos modos, debería buscarme un empleo mejor, pero no lo hago. Me quedo ahí porque me gusta el trabajo que estoy haciendo. Tendría que empezar a preparar mi doctorado, pero no me interesa. Debería meterme en otros proyectos, para ganar más dinero, conocer gente que me podría ayudar. Pero tampoco eso me interesa. Mi mujer está muy decepcionada, quiere que yo trafique, que me construya una carrera. Quiere una casa de campo, automóvil, buenas vacaciones, viajes y comodidades que yo le brinde, para que su vida cobre un significado.

—No tiene hijos, la vecina de arriba sí.

—Sí, ella querría tanto tener un hijo. Pero yo no gano lo suficiente. Y me da un miedo mortal. Me robaría la libertad. Queda encinta pero aborta espontáneamente. Se siente muy mal. Está deprimida. Pero yo me siento aliviado. Queda encinta otra vez, esta vez yo estoy de acuerdo y le digo que sí, que podemos tener el bebé, nos las arreglaremos de algún modo, ella puede dejar de trabajar, yo buscaré otro empleo. Se siente muy feliz, es lo que quiere. Pero aborta otra vez. Y para mí es el alivio más grande.

—Usted me dice que su trabajo le gusta.

—Sí, me gusta preparar clases, conferencias, organizarlas, pulirlas, notar que aumenta mi habilidad. Y satisfacer a los estudiantes, en las mejores ocasiones. Y aprender algo yo también de paso. Descubrir implicaciones nuevas.

—¿Se le va rápido el tiempo, mientras prepara clases?

—Sí, y mi nivel de energía subía sobre todo al descubrir que yo mismo podía hacer una contribución. Mi mente tenía algo que ofrecer. El trabajo me dio una sensación de importancia, de individualidad, de realidad. Habría muchas cosas que no podía hacer o no entendía, pero esto sí que lo podía hacer. Sí, estaba bien contar con mi mujer, era un auxiliar mío, creía yo. Pero cada vez le dediqué menos tiempo a ella y más al trabajo. ...Preferí trabajar y crecer dentro de eso que traficar con gente influyente para "hacer" carrera. Y estaba en lo correcto, creo yo.

—¿Trabajar de ese modo era un medio para llegar a algo o un fin en sí?

—Un fin en sí, por supuesto. Sólo en esa época tuve una experiencia tal.

—...

—Se supone que uno debe buscar empleos por lo que pagan, y por las posibilidades de ascenso. Si al mismo tiempo es significativo de por sí, mejor aún. Pero no es el motivo principal. Mi empleo estaba de veras mal pagado, debería haberlo usado como trampolín para mi carrera, en vez de un fin en sí. A los profesores que pensaban quedarse, y se sentían cómodos, se los consideraba fracasados, agua estancada.

—Tal vez el trabajo les gustaba ¿por qué no habrían de quedarse?

—No se empeñaban demasiado en lo que hacían. Lo que los atraía del empleo era la seguridad que ofrecía. Para la gente que estaba viva, o tratando de estarlo, ese lugar era un medio donde ejercitar y consolidar fuerzas, hacer contactos, tender puentes hacia el siguiente empleo. Si uno no hacía eso, se lo consideraba muerto, la gente capaz no se estaba quieta.

—El trabajo era significativo en sí, le daba placer ¿eso a usted le molestaba?

—No, claro que no, me le aferré, para evitar el trato con mi esposa, e ignorar las tensiones que crecían entre los dos, los reclamos que me empezaba a hacer. Las cosas empeoraron terriblemente cuando murió el padre. No fue un proceso de luto normal, fue algo más, ella estaba muy apegada a él, pero decepcionada al mismo tiempo. Decepcionada porque él nunca había llegado a ser lo que prometía. Nunca había podido salir de la clase obrera. A pesar de lo mucho que lo quería estaba decepcionada, le había despertado expectativas inútiles. Y cuando murió, ella quedó muy perturbada, empezó a beber, y mucho. Y se mostró profundamente insatisfecha conmigo. Para aliviar la pena. Se me empezó a quejar de todo lo que no le había brindado, de que era mezquino con mi tiempo y mis sentimientos.

—Usted me miente a mí o a sí mismo. Si aquel trabajo lo satisfacía tanto ¿por qué hace unos días rechazó la posibilidad de volver a su campo?

—Aquel trabajo me satisfacía, de veras.

—No lo creo.

—Sí, me satisfacía, y tal vez eso era lo malo, que todo terminase en mí, en una gratificación personal, sin trascender.

—¿Sin trascender qué?

—Sin salir fuera de mí, fuera de la zona donde todo se echa a perder.

—¿Dónde se esconde ella cuando necesita alcohol?

—¿Cómo sabe qué se escondía?

—Está avergonzada, tiene que esconderse.

—Sí, y sabía que yo estaría en contra.

—¿Dónde se esconde?

—Nunca lo supe. Al hacer el balance del banco noté que había una cantidad de cheques atestados a una tienda de bebidas. Según ella era donde le cambiaban cheques por efectivo. Se lo creí.

—¿Dónde están las botellas?

—Escondidas debajo de la pileta de lavar platos. Botellas grandes de un galón de vino barato, y whisky y vodka. Escondidas detrás de los detergentes. Bebía tarde a la noche, a veces después de que me dormía, a veces como una hora antes. No parecía mal beber a esa hora, después del trabajo, después de cenar, después de preparar sus clases, porque también ella era profesora. Era razonable beber un vaso de vino, relajarse antes de ir a la cama. Me acostaba antes, me quedaba en la cama, esperando que viniera, porque yo quería hacer el amor. Ella venía, pero... cuarenta y cinco minutos después, borracha, en camisón, y las piernas —macizas y fuertes como eran— no la sostenían, caía sobre la cama, oliendo a whisky. La mirada era vidriosa y vacía, pero casi siempre quería que la abrazara, y yo me le subía encima porque me resultaba excitante montarme a una borracha. A veces se tomaba otro trago de whisky con hielo antes de chuparme la verga. Y a mí me encantaba porque se sentía la boca fresca. Estaba tan borracha que le costaba quitarse el camisón, y yo la acostaba, le colocaba las piernas muertas sobre mis hombros, y me la montaba sin lástima. Todos los problemas que me había dado esa noche, todas las quejas, los reproches, cuando lo que yo

243

quería era paz, al llegar a casa... paz y atención rápida de mis necesidades... Pero finalmente la tenía en una posición que me reportaba algún provecho. Y me resarcía, lleno de resentimiento... por los trastornos que me había causado. ... Todo sin amor, y con sadismo. ¿Usted sabía que la gente podía hacer el amor así? con la intención de castigar a alguien. Eso ocurría periódicamente, en nuestro matrimonio. Los resentimientos crecían, sin que se los expresara, se los verbalizara, vaya a saber por qué. Y a veces hacer el amor era un acto de odio, incluido el orgasmo. Nada más que odio. Venganza. No se decía nada pero se sabía. Después, mientras yo me quedaba dormido, la oía levantarse otra vez, y buscar otro trago. Ella no podía dormir. Sabe Dios cuánto tiempo le llevaba volver a noquearse de alcohol otra vez.

—No me siento bien. Pareciera no haber aire en este cuarto, por favor abra la ventana.

—Se va a sentir peor todavía. Empezó a ver hombres, a escondidas. Pasó bastante tiempo antes de que yo empezase a sospechar. A pesar de las borracheras, y los resentimientos, y frialdad entre nosotros, todavía seguíamos confiando el uno en el otro. Se forma esa solidaridad, después de vivir juntos diez años, de modo que descarté cualquier dato... que podría haber resultado evidencia, de sus aventuras. Una noche me acosté, era una noche fresca de verano, ella todavía no había vuelto a casa, era muy tarde. Me subí a la cama matrimonial enorme, yo solo, y traté de dormir. No pude. Me quedé echado, esperando oír sus pasos en la escalera, y la llave en la cerradura. Nada. ...A las cuatro oí estacionar un coche, frente a la casa. La oí bajarse, y decirle algo a alguien. Cuando entró me le puse furioso, encendí las luces y empecé a gritarle, "¿Dónde has estado? ¿Por qué no llamaste?''. Contestó que se había encontrado con un ex-cura, y empezaron a recordar cosas, y hablar de religión, y esto y el otro. La conversación se les había vuelto tan interesante que perdieron noción del tiempo. Me llené de sospechas, por supuesto. Y seguí enojado, pero ella insistía en que eso era lo que había ocurrido, y se lo creí. Nunca nos habíamos mentido, durante todos esos años. Fue por fin la vecina de arriba, que me contó de las aventuras de mi esposa, con hombres.

—Entra mucho frío con la ventana abierta.

—Va entrar más frío todavía. La vecina de arriba era buena amiga, y buena amiga de mi mujer también, íntimas. Pero de todos modos me lo dijo, se sentía muy mal con todo lo que estaba pasando. No sabía a quién serle más leal. Cuando me enteré me quedé helado, porque era el final. Había habido más de media docena de aventuras, estaba probando hombres como quien prueba guantes, y había habido mujeres incluso. Era el final de nuestra relación. Había traicionado mi confianza. Creo que eso es lo que duele más.

—No debí haberle pedido que abra la ventana. Siento que el pecho se me congestiona.

—Se empezó a emborrachar cada vez más temprano, a las ocho de la noche, a las seis de la tarde. Sus carencias eran apremiantes, pero ella no sabía cuáles eran. Borracha, me interrumpía cuando yo estudiaba, "Larry... ¿por qué no hablamos? ya nunca hablamos, nunca me hablas de lo que te pasa..." Se había graduado en literatura, Literatura Inglesa... Y yo para entonces no sentía más que una cosa... ¡rabia!... imposible de expresar. Debí haberla dejado entonces, pero no podía dar ni un paso, horrenda como era la situación pretendía volverla al cauce antiguo, "Después hablamos... estoy trabajando". Ella no podía escuchar, estaba borracha, y muriéndose de dolor. Me necesitaba, y es probable que podría haberle dado más de lo que le di. Pero es muy difícil, imposible, lidiar con un alcohólico. Tal vez podría haber hecho algo por ella. ...Sea como fuere, ella seguía haciendo lo posible para perturbar mi programa de trabajo. Y ese programa se volvió cada vez más rígido. Me aparté cada vez más de ella. Pero cada vez hizo más para provocarme.

—...

—...

—Sí...

—Seguía parloteando mientras yo leía. No había un lugar en el departamento donde meterme. Yo quería ver una media hora de televisión antes de ir a dormir, pero ella la apagaba e insistía en hablar. Yo la volvía a encender, y ella la volvía a apagar. Una vez trató de impedirme encenderla otra vez, le di un empujón, empezamos a pelear, llamó a la policía, afirmando que le había pegado. Yo estaba muy mortificado, frustradísimo, a cada rato echaba galones de vino por las cañerías, pero ella encontraba siempre algún subterfugio. Empecé a odiarla, pero no me le podía separar. Ensayó una táctica nueva. Me dijo que me marchase yo. Me era imposible, le contesté que se marchara ella. Le era imposible también a ella, no por el momento, y sola. Creo que ella se esperaba algo muy especial de mi parte. Algo que tenía que ver con la muerte del padre. Pero ninguno de los dos sabíamos qué era, y reñíamos. Una noche invitó a un amigo a cenar, un muchacho joven, amigo de su hermano. ...A mí no me importó, aunque de interesante tenía poco, pero de todos modos después de cenar estaban los dos acalorados charlando, a mí no me atraía la conversación, y me fui a la cama. Ella me dijo que vendría a acostarse al rato. Me acosté pero no pude dormirme, seguí escuchando la cháchara. No se terminaba nunca. Hasta que de pronto se hizo el silencio. No lo oí marcharse. Pero sí se oían como frotes de ropa. Me quedé pasmado, agucé el oído. El departamento estaba en la oscuridad total, yo oía todo. Estaban echados en el sofá, besándose y haciéndose mimos. Podría haberme levantado, y haberlo echado furioso, ...como era mi derecho... En cambio me aterroricé, y me excité... esperando que sucediese lo inevitable. Finalmente la penetró, y a ella le oí decir "sí", en un sollozo. Mi confusión de sentimientos era total, no podía dejar la cama, lo único que podía hacer era escuchar más, ..."Ahora puedo hacerlo cuando me plazca", dijo ella. "Claro, es mejor así ¿verdad?", dijo él. Por fin había sucedido, ella se había liberado de mí, algo que yo me había temido desde el primer momento. ...Pero oírla gemir, en los brazos de otro hombre, fue lo más excitante que se pueda imaginar. No puedo explicar por qué, pero estar ahí como un espía, un intruso...

—...

—...oír sus reacciones sexuales a la distancia, en la oscuridad, en otra habitación, con otro hombre... ¿por qué había de ser más excitante eso que oírla gemir en mis propios brazos? Me habían invadido dos sentimientos opuestos... por un lado una gran humillación, como si siempre hubiera sabido... que otro hombre la satisfaría más sexualmente... y ahora había ocurrido por fin, ...y al mismo tiempo... la fascinación, de oírla enardecerse sexualmente, con otro hombre... Era mi padre junto a mi madre, era la fascinación de oír a mi madre gemir de placer.

....

—Ese tipo era un pobre infeliz. Un pobre hippie flacucho, feo, con el pelo largo y sucio, menudo... frívolo... un producto total de su época... mientras que ella era robusta como yo, atlética... La cosa no tenía el menor sentido.

—Usted no podía desaprovechar la oportunidad de

sacar a relucir su tema. A la menor insinuación vuelve a ese asunto de su madre. Como si creyese que así me complace. Me asquea, porque no es verdad. Cuenta esa historia para tapar otra cosa mucho peor.

—No sé que contestarle.

—Tal vez sea mejor tener esa sensación de vergüenza que ninguna otra. Tal vez usted no sea capaz de sentir nada, nada en absoluto. Y eso le da más miedo que todo lo demás.

—Oiga, dijo que no había comido nada ¿le voy a pedir algo?

—No, no tengo hambre. No tengo hambre en absoluto.

—Entre.

—¡Hola! ¿cómo se siente?

—Igual, supongo... ¿Cómo está afuera?

—Hace frío, pero no sopla viento, está soportable.

—Me mira fijo en los ojos ¿qué es lo que pasa?

—Nada en especial, el viaje está arreglado. Estuve un par de horas en Columbia definiendo los detalles. Íbamos a almorzar en la zona, pero hubo demasiado que arreglar. Él tenía una clase a las dos, no daba tiempo.

—¿Él? ¿Quién es él?

—El tipo de Columbia. De paso a la vuelta comí algo rápido.

—¿Ah sí? ¿Qué comió?

—Paré en un restaurant chino-cubano. Sentí que me merecía un premio. Pedí un buen plato de pollo, arroz y frijoles negros.

—Con que el viaje está arreglado.

—Sí, todo está en orden.

—El médico del Comité estuvo por aquí esta mañana, al fin.

—¿Qué dijo?

—Me dijo que podía ir a Montreal... Y usted debe haberlo adivinado, ya que le dijo a la gente de la Universidad que yo iba también.

—Fabuloso, gran golpe. Seguro que le sentará perfecto.

—¿Pero y si el médico hubiese dicho que no? ¿no se apresuró usted un poco? ¿les dijo acaso que iba yo también?

—Dije que tal vez usted iría, que dependía de como se sintiese.

—¿Pero y si no pudiese ir? ¿ellos irían adelante con el proyecto, sin importarles?

—No sé, creo que sí...

—Ya veo...

—...

—Hoy es jueves, hoy no se le paga para venir. ¿Qué está haciendo aquí?

—Estoy aquí para trabajar en los libros, como de costumbre.

—Ya veo...

—Déjeme sacar este gusto grasoso de la boca, déjeme usar su lavamanos.

—Pase nomás.

—Déjeme lavar las manos también, comí el pollo con los dedos.

—Y levantó de un basural esa revista, con los mismos dedos.

—No, me permití el lujo de comprarla.

—Hoy tampoco pude almorzar.

—¿Por qué no? con todo el tiempo libre que tiene...

—Las malas noticias me quitaron el apetito.

—Ajá... ¿qué malas noticias? Dosifíquemelas.

—Haré lo posible... El médico del Comité estuvo a verme.

—Ajá, ya eso me lo dijo.

—Me examinó.

—Sí... ¿y qué?

—Lo hizo de tanto que le insistí. Ya por teléfono me había dicho que era absolutamente imposible el traslado a un lugar más frío. No sólo eso, está preparando todo para trasferirme a un Hogar extraordinario, según ellos, en Palm Springs. Clima seco y caliente, de desierto.

—¿De qué me está hablando? acaba de decir que venía a Montreal.

—Fue un chiste malo, perdone.

—Ya no sé qué creer.

—¿A usted qué le importa? ya hizo su arreglo con Columbia, antes de saber si yo podía ir.

—Esperaba que pudiese venir.

—Yo también. Pero ahora es evidente que no voy a formar parte del grupo.

—Es una lástima, de veras lo siento, señor Ramírez.

—¿Cuáles son sus planes, entonces?

—Yo quiero ir, a Montreal.

—Ya veo...

—...

—Yo no voy a Palm Springs. Quiero quedarme aquí. Todo se va a arreglar. Pero claro está... con su ayuda.

—Pero Palm Springs le haría bien.

—Tonterías, puedo sentir calor en cualquier cuarto de Nueva York, todo está en calibrar bien la calefacción.

—¿Pero qué va a hacer aquí?

—Estoy bien aquí ¿para qué moverme hasta California, o Montreal?

—Pero a mí sí me conviene ir a Montreal, señor Ramírez.

—No tenga tanta prisa. Es apenas una temporada corta lo que le pido.

—Es absurdo lo que dice. Usted no me puede pedir ese sacrificio.

—Vamos, no sea niño. Un poco de disciplina. Voy a quedarme aquí, nada de Palms Springs, así usted puede seguir viniendo a trabajar en los libros. Estoy seguro de que mejoraré.

—Creo que debería ir a Palm Springs, dicen que es hermoso. El sol y el aire seco le harán mucho bien.

—Pero a usted le sería imposible seguirme, los gastos

serían enormes. Estoy seguro de que lo más importante es que siga viniendo aquí a trabajar en los libros. Puede lograr un resultado interesantísimo.

—Yo no pretendería ir a Palm Springs. Y tengo que llevarme los libros a Canadá.

—Quiere decir que aceptaría la idea de ir solo a Montreal.

—Sí, aunque preferiría que usted viniese también.

—Larry, ante todo deje esa revista, levante la vista.

—...

—Larry, nada de travesuras de niño, no me haga poner nervioso. Usted me quiere dar un susto, como tantas otras veces, para después burlarse de mi miedo. Pero no estoy para sustos. Eso que dijo es una broma tonta y nada más ¿verdad?

—¿Qué cosa?

—¡Levante la vista al hablar!

—Señor Ramírez, usted está extralimitándose. Aquí no hay bromas. Lo que hay es un trabajo interesante que hacer para mí, en Montreal, y un lugar perfecto para su salud, en Palm Springs.

—Usted me deja atónito...

—¿Por qué?

—Nunca pensé que podría ser tan desagradecido.

—¿Qué quiere decir con eso?

—Desagradecido, lo que oyó. Le ofrecí mi total confianza... y lo único que se le ocurre es sacar alguna ganancia rápida.

—Me temía que pudiese reaccionar mal. Pero también usted se beneficiará con este proyecto. Se conocerán sus contribuciones, y algo más de la historia de su país. Sí, también es importante para mí personalmente, como contactos, un poco de dinero, y más importante que nada, la oportunidad de trabajar en mi campo. ¿Qué puede haber de malo en eso?

—Veo lo que es, un norteamericano de caricatura, materialista y ávido, que no piensa más que en ganancias.

—¿Qué ganancias? Me darán un sueldo. Como sindicalista usted debería saber la diferencia, entre ganancias y sueldos.

—No intente confundirme con palabras.

—No, lo que pasa es que está enojado conmigo y no entiendo por qué.

—Estoy rabioso conmigo mismo, por haber esperado otra cosa. Esperaba comprensión, incluso amistad... pero eso es algo que evidentemente usted no puede dar.

—¿Acaso no fui amigo suyo?

—Ahora veo que no.

—¿Por qué no quiere que vaya solo?

—Ahora no querría ir a Montreal con usted, aunque pudiese. Ahora sé quien es el señor Larry.

—Se está comportando del modo más irracional. Todos nos beneficiaríamos con este proyecto. ...He intentado tratarlo como adulto razonable, de hablarle a esa parte suya, sana. Su salvación depende de la fuerza de esa parte. Pero usted sigue en regresión. La otra parte paranoica lo va a matar.

—Los reductores le enseñaron algunas palabras ¿verdad? Pero a mí no me impresionan, los reductores y sus palabras. ...No ven el momento de llegar a sus conclusiones obvias y fáciles... Se creen que es tan fácil encontrar soluciones... pero se requiere inteligencia, trabajo firme... para encontrar una pizca de verdad. Les falta la capacidad, no se esfuerzan todo lo debido, son mediocres... Usted es mediocre...

—Y usted me da asco.

—Larry, no entiendo bien por qué rechazaba volver a enseñar, y ahora sí acepta esta propuesta; tal vez sea porque de este modo me hace un mal. No lo sé, es pura incógnita, pero por otro lado ¡qué alivio saber hasta .dónde puede llegar su bajeza! Por lo menos esto he podido aclarar. Y qué alivio estar seguro de que no hay nada que defender, que no hay nadie decente que salvar.

—Nunca dije lo contrario.

—Y qué alivio saber que no quiero ir con usted a ninguna parte ¡y qué bueno saber que su madre lo echó de su casa y se quedó por fin tranquila! ay, ay, me vienen de lo más profundo estos suspiros de alivio, me arrancan desde la entraña misma, el diafragma me sube hasta la garganta de la satisfacción. Y esos alumnos de la Universidad pobretona de Brooklyn, felices de ellos que se libraron de sus clases insidiosas, y felices mis pulmones que por fin se llenan de aire, ¡ay, ay! esto me hace doler un poco las costillas, que las tengo tan delicadas, pero cómo ayuda a respirar la satisfacción... Y su padre ¡qué buen carpintero era! y qué bien preparó aquel tablón. Ah, ah, no sé si toleraré tanto bienestar... pero es que estoy escuchando con toda claridad cómo maneja certero el serrucho.

—Y yo estoy escuchando la voz de un loco.

—Estoy loco de contento, no doy más de la satisfacción y el alivio.

—Me da asco, ya se lo dije. No debería tratarlo más. ...Pero he estado trabajando en sus notas y ahora sé algo más acerca suyo. Esas mismas acusaciones ya las hizo antes. Pero a otro.

—¿Qué está queriendo insinuar?

—Usted es imposible. Vive en una mentira total, como un caballo con orejeras. Se niega a enfrentar las cosas, si apuntan a alguna verdad de su propia vida. Y eso lo va a liquidar, imbécil que es. Su salud está liquidada. ¿Y quiere escuchar algo de lo que era su vida? ¡Por supuesto que no! No quiere escuchar nada, escondiendo la cabeza como el avestruz, pero esta vez me va a tener que escuchar. Le voy a demostrar cómo hace décadas que está hablando la misma mierda rancia. Deje que busque la hoja.

—¡Le prohíbo que continúe!

—El otro día estaba ordenando una sección de sus notas... Esta vez no hablaba de socialismo ni de organización sindical y demás... Me sorprendió que para introducir sus propios pensamientos hubiese utilizado un párrafo completo de cierta carta de la novela... Ya lo transcribí todo, así que no habrá el menor malentendido. Aquí está... Es una carta que uno de los personajes de la novela escribe a otro. Y usted la subrayó. Se lo leo muy rápido, ..."ya no quiero contestarle, y tal vez el embarazo que experimento en este momento sea una prueba de que no debería hacerlo. No obstante me niego a darle razón alguna de queja, quiero convencerlo de que he hecho por usted todo lo posible. Le he dado permiso para que me escriba ¿dice usted? De acuerdo, pero cuando me recuerda ese permiso ¿cree que yo olvido bajo qué condición fue dado? Si yo hubiera sido tan fiel como usted ¿habría usted recibido una sola respuesta mía?"

—No viene al caso, en lo más mínimo.

—Es nada más que la introducción para algo que usted tenía que decir acerca de su hijo. Sigue así: "Olvidemos el lenguaje, que no puedo dejar de aspirar a comprender, renuncie usted a un sentimiento que me ofende, y me asusta, y al cual, tal vez, usted debería sentir menos apego, sabiendo que es la barrera que nos separa. Ese sentimiento, es el único que usted conoce". Déjeme saltar unas líneas. "Usted notará mi franqueza, le probará mi confianza en usted. Queda en sus manos el que esa confianza crezca"... Eso es lo que usted tomó intacto del texto, pero lo que sigue lo escribió numerando las palabras. Abarca muchas páginas del texto, pero no resulta más que una carta. ..."Buen comienzo pero no válido en este caso. Para contestar a la carta de él. Es muy posible que mi hijo quiera respuesta, es posible que no la lea, si la recibe. Escribo una respuesta pero no la envío, tal es mi situación. La es tal que escribo para mi propio alivio. Si tuviese su carta delante mío sería tan fácil, ¿qué pretendía decirme? ni me dieron tiempo a leerla por segunda vez, me la arrebataron y la volvieron a colocar en esa gran caja que llevan. Voy a reescribirla. Espero no cambiarla. Ojalá pudiese cambiarla. Quedó marcado a fuego su contenido ¿pero y las palabras? no sé qué daría por leer de nuevo cada una de esas palabras, y buscar un destello de afecto verdadero. ...¡Papá! qué alivio sería saber que has leído esta carta, pero eso solamente lo sabré el bello día en que te pongan en libertad. Debo hablarte sinceramente, es muy nuevo este sentimiento hacia ti, únicamente ahora que estás preso logré comprenderte. Ante todo debo explicarte que estoy de vuelta en el país. Cuando recibí la carta de mamá decidí regresar. Estaba sola, tenía que ocuparme de ella. Yo no habría podido estar en esa casa cuando también estabas tú. No te podía soportar. Ella era siempre un manojo de nervios, y todo por tu culpa. Ella nunca sabía a qué hora volverías a casa cada día, pero siempre tenía que estar presente, para esperarte. Si no la encontrabas al llegar hacías temblar la casa entera con tus gritos. Ella vivía en permanente temor de tus furias. Yo te odiaba por eso, dejé la casa por esa causa... Volví esperando encontrar a mamá sana y salva, liberada de ti, pero no, todo lo contrario... Mi hijo me odiaba, dice que su madre me odiaba también, que ella me tenía miedo. Mi hijo dice en su carta que mi desaparición ha dejado a mi esposa en mal estado, mientras que él esperaba, deseaba, encontrarla completamente renovada, aliviada. Pero no, mi esposa me quiere, mi hijo dice que ella no puede soportar mi ausencia, pero que él sigue allí para ayudarla en todo lo que se presente. Dice que mi esposa está enclaustrada en casa, esperando que yo salga en libertad de un momento a otro. Mi hijo confiesa que no me podía soportar. Dice que no se animaban siquiera a respirar cuando yo estaba presente. Si yo dormía, si estudiaba, tenían que permanecer callados, yo explotaba en cóleras aterrorizantes si alguien me molestaba. Yo a él no lo quería más, es cierto. Cuando creció dejé de quererlo, me decepcionaba constantemente. Para sentir una cierta ternura por él tenía que esforzarme en recordar lo bonito y gracioso que había sido de pequeño. Se fue a Europa. Cuando tenía algo más de veinte años. Yo siempre había estado descontento con él, él dice que yo le exigía demasiado, que yo exigía demasiado de todos. De su madre, de él, de mí mismo. Yo no sabía lo que era el descanso, siempre era preciso escribir, unir pensamiento a acción, llegar a la gente, conseguir la unificación de los oprimidos. Mi hijo quería ser director de teatro, se marchó, no logró hacer nada, tal vez yo no estaba equivocado, carecía de la capacidad necesaria, no trabajaba, no se esforzaba todo lo debido. Se volvió pintor de paredes, después dio lecciones de español, en una escuela secundaria. Ese fue el gran triunfo de mi hijo en París. Se casó con una muchacha que tenía algo que ver con un teatro de aficionados, creo que subía y bajaba el telón. Fue así que finalmente entró en el teatro, y no del modo más auspicioso, claro está. No tuvieron hijos, porque la vida en París es demasiado cara. Pero volvió a su país cuando la madre lo llamó. Entonces cambió de idea. Sin mí su madre estaba más nerviosa que nunca, y yo había dado el mejor ejemplo de dignidad a mi país, no me enredé en intrigas mezquinas, no acepté compromisos, luché hasta el último minuto. Este calabozo, hasta hicieron el simulacro de una ejecución, en un cuartito, dos hombres con pistolas, me mataron con balas falsas. Tres veces, decían que las balas eran reales, pero que la puntería les fallaba. Tal vez mi hijo habría preferido que las balas fuesen verdaderas. Mi hijo y mi esposa ahora están en paz, tranquilos, tienen toda la casa para ellos. Mi hijo me dice que se despierta a la noche, no puede dormir, se siente descompuesto, piensa en mí, en la cárcel, viejo, enfermo, tiene miedo, se siente mal, me ha juzgado erróneamente toda su vida ¿cómo tal cosa pudo ser posible? un error que se ha prolongado por toda su vida, pero ahora se da cuenta de que yo estaba realmente entregado a una causa grande. Se arrepiente de su error, se despierta a la noche y no puede dormir más, pensando en mí. Se siente culpable de mi muerte, porque me desea la muerte. Lo comprendo, yo me alegré cuando se fue, hace casi veinte años, porque así ya no lo tenía que ver, mediocre como era. Lo cual significa que le deseaba la muerte. Ahora todo sería diferente, si pudiese verlo. Trataría de descubrir en él las cualidades que no había sido capaz de ver antes. Pero será muy difícil sobrevivir en este cuarto oscuro, estoy enfermo, estoy viejo. ¿Se alegrarían si muriese? posiblemente sí. La vida continuaría para ellos, una nueva vida, podrían hacer ruido en la casa, mi esposa podría salir, no tendría que estar enclaustrada en la casa, mientras espera que salga de la cárcel. Me espera porque tiene miedo que yo llegue y no la encuentre. Tiene miedo de mí, por eso no sale. Si yo muriese finalmente podría salir. Las calles de los buenos aires aunque estén plagadas de las patrullas de la tiranía, a ellos les parecerían libres y soleadas."

—No creo ni una palabra de todo eso. Está todo tergiversado, siguiendo su antojo. No sé qué tipo de necesidad estaba usted satisfaciendo al hacer tal cosa. Cambiar un texto entero.

—¿Qué es lo que quería decir entonces?

—Veo muy a las claras que usted no está capacitado para hacer ese trabajo.

—Gracias por su apoyo, pero el texto no ha sido alterado. Esas son sus ideas, y las sentía tan hondo, que se tomó el trabajo de codificar un texto en francés para expresarse.

—Sí, tanto trabajo para que un joven irresponsable venga y juegue según su capricho, borre los números, los cambie, y escriba una cosa completamente diferente... por un motivo que escapa a mi entendimiento.

—No soy su hijo. No soy como usted lo quiso ver, sabe Dios cómo era en realidad. Usted siempre quiso tratarme como si yo fuera su hijo. Ahora lo entiendo.

—Otra vez los reductores ¿de qué hijo me habla? yo quería encontrar la persona, el ser humano escondido en usted. Y finalmente lo toqué. Es polvo, el polvo amontonado en un rincón, de algún poderoso edificio multinacional de Nueva York, polvo amontonado en un rincón del sótano oscuro.

—Usted está ya loco de atar.

—Veo que le da rabia que lo describan con detalle.

—Soy un estúpido por condescender a enojarme con usted. No vale la pena. ...De todos modos espero que pueda encontrar una salida, un día.

—...

—A ellos los mataron, a su esposa, a su hijo, y a la pobre francesa que subía y bajaba el telón. Bastó con poner una bomba en su casa. Usted les habría deseado la muerte alguna vez, y el deseo se cumplió. Y eso le arrasó el cerebro, enfermo ya como estaba por el calabozo y la tortura. ...¡Pero todos nos deseamos la muerte en algún momento! ¿qué se cree que es la gente? ¡la gente es así!

—No, eso es lo que no quiero creer. Así es usted y basta.

—Así soy yo, y usted también. Ésa es la esencia humana ¡mierda!

—No quiero creerlo.

—Acéptelo y podrá vivir tranquilo.

—No, si esa fuera la verdad yo no podría hacer más el inmenso esfuerzo de vivir. A mí me cuesta un inmenso esfuerzo. Y a usted no. Esa es la diferencia entre nosotros, usted acepta esa... mierda, y yo no.

—A mí no me gusta esa mierda, pero esa mierda es la realidad. O lo que me tocó a mí. Tal vez usted tuvo más suerte.

—¿Yo? ¿más suerte yo?

—Sí, señor Ramírez, de eso estoy seguro. Su esposa lo siguió esperando hasta el final.

—...

—...

—Larry... no crea nada de lo que le dije, era... era para probar su paciencia, nada más. Perdóneme.

—...

—Y no sea obcecado... reflexione y dígame... que prefiere quedarse conmigo, a todas las ventajas de Montreal. Porque... porque en algo aprecia mi compañía.

—...

—Piénselo, con calma. ...¡No agarre esa revista!

—...

—No me irrite aún más. Míreme de frente, levante la cabeza. ...No se quede sentado leyendo... Dígame que aprecia mi amistad.

—...

—¡Deje esa revista! ¡No es suya, además! ¡es robada de un basural! ¡mentira que la compró!

—...

—...

—Señor Ramírez, la verdad es que no aprecio su amistad ¿para qué le voy a mentir? para mentiras usted se basta solo. Hice el sacrificio hasta ahora porque necesitaba el dinero. Pero usted es insoportable, nunca se sabe con qué tontería va a salir. De pronto se vuelve contra uno, y no se comprende por qué.

—Diga más, diga que soy imprevisible, que nunca se sabe cuándo voy a explotar, con una cólera fría. Y no se olvide de lo más importante, dígame que lo he decepcionado.

—Así es. Tal vez toda la gente mayor decepcione a los más jóvenes. Nunca me sentí bien en compañía de usted.

—...

—...

—¿Hay alguna universidad cerca de Palm Springs?

—No sé.

—Allá podré encontrar a alguien capacitado para esta tarea. Usted no tiene que preocuparse por las horas de trabajo que invirtió hasta hoy en esto. Lo único que tiene que hacer es decirme una suma aproximada, y me ocuparé de que le paguen. La tarifa no sé, podría ser la misma que fijamos cuando tenía que pasearme con conversación incluida ¿no cree? Me refiero a la segunda tarifa que acordamos.

—...

—Creo que tendría que pagarle los viajes, el costo del tren subterráneo a Columbia, y las llamadas telefónicas. Sé que no son más que centavos, pero no quiero aprovecharme de la gente, aunque la suma sea mínima.

—Muy generoso de su parte, pero no es necesario. Prefiero continuar el trabajo por mi cuenta sin la ayuda monetaria de Montreal, si es necesario.

—No hay ningún trabajo que continuar. Me llevo los libros conmigo.

—¿Qué más hay que decir? Ya ahora no tiene ninguna influencia sobre mí, ¿pero quién lo va a escuchar, y ser su amigo?

—No hay nada que decir. No quiero tener más influencia alguna sobre usted, y mi amigo usted nunca lo fue.

—...

—Usted no puede ser amigo de nadie.

—Me voy.

—En alguna parte leí que guay con aquel que nunca da nada, por algo es. A usted lo llené de invitaciones, dentro de mis modestos límites, pero nunca fue capaz de traerme nada, ni una de esas revistas que encontraba al pasar tiradas ... ni un dulce de veinte centavos...

—...

—... que tanto ansié. ...El que no da nada, por algo es. Y mándeme la cuenta por correo. No querría volver a verlo.

—...

—Pero usted es el vencedor, Larry, aunque no se dé cuenta. Usted ha salido con la suya.

—...

—Estoy contento de que su madre lo haya echado, y de que su esposa lo haya dejado, y de que no lo quieran más oír dar una clase en ninguna parte. Tanto que sufrí al saber de todas esas penas suyas, y ahora la satisfacción me colma. ¡He vuelto a sentir este viejo placer! Bajeza, venganza, resentimiento, para mí eran palabras vacías, pero ya no, ahora las experimento, y las comprendo muy bien. Usted gana la partida, Larry, me ha convencido, yo también soy eso que usted nombra tan a menudo, y con tanto gusto. Se ha salido con la suya. Yo gozo con su desgracia.

—...
—...
—Adiós.
—Adiós.

—Señor Ramírez...

—Lárguese...

—Señor Ramírez... ayúdeme...

—¿Dónde está...? no lo veo...

—Estoy muy lejos, y estoy en peligro.

—No quiero saber más nada de usted.

—Señor Ramírez... tenga piedad...

—Dígame por lo menos dónde está.

—No sé... No me atrevo a mirarme en derredor.

—No sea cobarde. Si me describe el paisaje... podré empezar a darme cuenta, de qué se trata... esta vez.

—Gracias...

—...

—Señor Ramírez... veo... dos habitaciones chicas...

—Dos habitaciones chicas pero muy acogedoras.

—Dos habitaciones chicas. En una está la cocina, toda chorreada de grasa vieja, una costra dura. Con todo el polvo, y la basura que vuela, que se le fue pegando. Son como estalactitas de mugre que se han formado. Estalactitas y estalagmitas. Y no hay muebles, una silla rota que encontré en la calle. Y en el suelo las hojas de diario que se volaron de no sé dónde. Y un colchón tirado, una sábana sola, que era blanca pero que se volvió marrón. Y cucarachas en abundancia.

—¿Y frazada? ¿no tiene frazada?

—No. Yo nunca siento frío. A veces tengo que apagar la calefacción. Y no uso almohada, es más sano así. De la calle se puede ver, o de la ventana de los vecinos, la mugre que hay, porque tampoco tengo cortinas.

—Alguien lo está mirando desde la calle, es de ese hombre que usted tiene miedo.

—Sí, es de él...

—¿Por qué, Larry, él lo conoce acaso?

—Ese hombre se queda callado y no se queja de nada. Pero de repente explota.

—¿Por qué explota? ¿quién es ese hombre que explota? ¿llegó alguna vez a pegarle fuerte?

—Muy fuerte.

—Se lo habrá merecido. Y ya déjeme en paz, le dije bien claro que no quiero saber más de usted.

—Usted tiene la culpa de todo.

—Lárguese... basta ¡de una vez!

—Usted tiene la culpa, usted me dijo que me pusiera en las manos de él.

—¿Para qué?

—Para darle la alternativa. Una vez en las manos de él podría hacerme lo que le pareciese.

—Yo no le tengo confianza a ese hombre, Larry, podría destruirlo, aniquilarlo a usted.

—Pero entonces si lo sabía ¿por qué me dijo que me pusiera en sus manos?

—No sé, me he olvidado.

—Tal vez usted quiera verme muerto, y ése es el por qué.

—Tal vez.

—¿Pero qué le he hecho yo para merecer esto?

—No recuerdo lo que me hizo ¿acaso no sabe usted de mis límites de memoria? Lo único que sé respecto a usted es que nunca lo podré perdonar.

—Señor Ramírez, esa persona... de quien hablamos, me está mirando por la ventana. Me ve porque no hay cortinas.

—A veces él no sabe lo que hace.

—Sí, señor Ramírez, él es nervioso, pierde el control...

—En realidad no es nervioso, aguanta mucho, es tolerante. Pero en un momento explota, nunca se sabe cuándo...

—¡Usted me ha metido en esto, ahora tiene que ayudarme!

—Cierre la puerta, no le permita que entre...

—Ya es demasiado tarde. Está en esta habitación, está mirando con asco la cocina grasienta. Las cucarachas se escapan despavoridas.

—Salte por la ventana, trate de esquivarlo ¡haga algo!

—Ya es tarde. Yo lo vi que pasaba por la calle. La cara se le había vuelto blanca de cólera. Una cólera fría.

—¿Qué cree usted que él le va a hacer?

—Me va a retorcer el pescuezo, me va a arrancar la cabeza de un puñetazo, me va a abollar la frente, como los chicos hacen con sus muñecos. Me arrancará brazos y piernas.

—¿Sobrevivirá usted?

—Tal vez, pero como un charco de sangre y carne.

—Larry... por favor... no me diga más nada...

—...

—Larry... no me cuente más cosas horribles... pero... pero déme una señal de vida.

—...

—¡Larry!... ¡conteste!

—Se puede tomar en la mano la cabeza de un muñeco, hundirle la frente, y las sienes. Después se le puede poner una mano en torno al pecho, otra en torno a la cabeza, y girar el cuerpo para un lado y la cabeza para el otro. Como retorcer una toalla mojada, hasta que se arranca la cabeza. Y se arrancan los miembros como hojas de una planta. Las manos son grandes lo suficiente para empuñar el muñeco. Se separan las piernas, se las

267

agarra con fuerza, y se las descoyunta. Como se abre un pollo, partiendo el cartílago, desgarrando la carne, para masticarla a gusto.

—Larry... pídale perdón... haga algo...

—Todo es inútil... ya no queda nada por hacer... Me lo acaba de decir, que él nunca me podrá perdonar.

—Larry...

—...

—¡Larry! ¡déme una señal de vida!

...

—Larry...

—...

Hogar para Adultos "Palm Springs"
456 Sunny Road
Palm Springs, California 43098, enero 30, 1978

Al señor
Eli Margulies
Secretario de Asuntos Internos
H. R. International, Comité de Recepción
43 Gramercy Park, New York, NY 10027

Querido señor Margulies:

Durante una semana estuve tratando de encontrarlo por teléfono para pedirle el permiso de transferir al señor Juan José Ramírez a un hospital psiquiátrico de Los Ángeles. Quería saber si usted tenía alguna preferencia en cuanto a hospitales, dado que las tarifas varían, pero en cambio no había alternativa referente a la urgencia de transferir al señor Ramírez a un lugar donde recibiese atención psiquiátrica, pues su estado decaía rápidamente. Estaba extremadamente deprimido, comía cada vez menos, y no se le podía sacar de la cama ni siquiera para paseos cortos en su silla de ruedas.

La presión sanguínea le bajó considerablemente el viernes por la tarde. Como yo sabía que no podría contactar a usted durante el fin de semana, me tomé la libertad de hacerlo trasladar en ambulancia al Hospital del Buen Samaritano de Los Ángeles. El vehículo salió a las 6 PM y a las 8.30 PM recibí el llamado de la doctora

269

Edith Manska comunicándome que el paciente había llegado.

Confiando en que usted comprenderá las decisiones tomadas, lo saluda respetuosamente,

DR. CONRAD SCHROEDER
Director

＊

H. R. International,
Reception Committee
43 Gramercy Park, New York, NY 10027,
Febrero 2, 1978

Al Sr. Juan José Ramírez,
Pabellón de Psiquiatría,
Hospital del Buen Samaritano
Los Ángeles

Querido señor Ramírez:

Espero que estas pocas líneas lo encuentren en franco tren de restablecimiento. Estuve fuera de la ciudad durante una semana, y de regreso me encontré con la carta del Dr. Schroeder, dándome la noticia de su traslado al Hospital del Buen Samaritano de Los Ángeles.

Al principio me sentí muy decepcionado porque estaba seguro de que toda la molestia y el gasto de su traslado a Palm Springs valdrían la pena. Después de reflexionar mucho considero que lo que ocurrió fue inevitable, usted debe hallarse físicamente agotado después de verse obligado a adaptarse a tantos lugares diferentes en un período de tiempo muy corto. Sugiero que permanezca en el Buen Samaritano tanto como crea necesario. En cuanto a un retorno eventual a Palm Springs, que recomiendo firmemente, por favor hágame saber su opinión al respecto.

Adjunto este sobre abierto que me fuera enviado del Saint Vicent's Hospital de esta ciudad de Nueva York. No se lo hice llegar antes porque llegó a mi oficina durante mi ausencia. Parece ser que fue hallado debajo del colchón de su cama en seguida después de dejar el Hospital para ser llevado al Aeropuerto. Además, les tomó cierto tiempo despachármelo a mi dirección. Como el sobre dice "A quien corresponda", lo abrí. Conociendo el contenido, me pregunto si usted prefiere que nosotros lo guardemos. En ese caso, por favor mándelo de vuelta con todas las instrucciones que crea necesarias.

Sin más, espero saber de usted pronto, y esperemos que con buenas noticias. Reciba mis augurios de pronta mejoría, suyo,

ELI MARGULIES
Secretario de Asuntos Internos

Saint Vincent's Hospital, Nueva York
Noche de Navidad 1977

Estos son mi última voluntad y testamento. Tengo el agrado de declarar que poseo un buen regalo para dejar como herencia. Todo lo que tengo es estos cuatro libros, con algunos números escritos en lápiz sobre sus hojas. Pero pueden ser útiles para una persona que aprecio profundamente, mi amigo Larry, el acompañante que trabajó conmigo en estas semanas.

Éste ha sido un día muy bueno, y ahora estoy convencido de que las cosas van a mejorar para mí, sin duda, en el futuro.

JUAN JOSÉ RAMÍREZ

✻

Hospital del Buen Samaritano
Pabellón de Psiquiatría
Los Ángeles, Febrero 4 de 1978

Mr. Eli Margulies
H. R. International
43 Gramercy Park, New York, NY 10027

Querido señor Margulies:

Nos apena tener que anunciarle el fallecimiento del señor Juan José Ramírez, acaecida hace dos días, en la mañana del 2 del corriente mes de febrero.

Su estado no había mejorado a partir de la llegada. Recibió tratamiento psiquiátrico diariamente pero ninguno de los síntomas decreció. Nuestra impresión es que su delicada condición física no pudo resistir la aguda depresión que lo aquejaba, causada por su largo encarcelamiento en su país de origen. Su presión sanguínea bajó una vez más esa mañana y no hubo modo de revertir su declinación.

No hubo pedidos especiales por parte del paciente durante sus últimas horas de vida. Dijo que se sentiría aliviado de terminar con sus sufrimientos, y que no tenía nada que dejar, excepto unos pocos libros que donaba a nuestra biblioteca. Al preguntársele si prefería ser enterrado en algún lugar especial o ser cremado, dijo que se debería aplicar el método más económico, ya que los fondos del Comité que usted preside deberían ser destinados a los vivos y no a los muertos.

Esperamos sus instrucciones para proceder obedientemente. Sinceramente suyo,

DR. ALFRED PIÑONES
Director del Pabellón Psiquiátrico

✳

LAWRENCE JOHN
147 Carmine St. New York
NY 10014, 17 de febrero de 1978

Mr. Eli Margulies
H. R. International
43 Gramercy Park, New York, NY 10027

Querido señor Margulies:

Acabo de recibir su carta de febrero 15, pidiéndome una declaración escrita referente a las instrucciones contradictorias dejadas por el Sr. Juan José Ramírez respecto al destino de sus libros.

Como usted sabrá, he estado trabajando recientemente en esos textos, descifrando las notas que escribió durante su encarcelamiento. He estado en contacto con las universidades de Columbia y Montreal, las cuales se interesan vivamente en patrocinar esta investigación y hacer que llegue a concretarse en una publicación. Me gustaría continuar este trabajo, el cual demostrará cuáles fueron los logros del señor Ramírez, y no dejar que los libros junten polvo en una biblioteca de hospital. Estoy convencido de que estas notas de prisión tienen un valor histórico y social relevante. Él dedicó los mejores años de su vida a luchar por ideales políticos nobles y seguramente habría deseado que esa lucha fuese retomada después de su muerte. También estaba de acuerdo en que yo trabajase con sus notas y publicase los resultados como parte de un proyecto patrocinado por el Instituto de Estudios Latinoamericanos de la Universidad de Montreal.

El último día que me desempeñé en mi trabajo de acompañante, el estado del señor Ramírez había empeorado marcadamente, no era ya capaz de razonar y mantener su mente en el presente. Se sentía amenazado por todo y por todos, y me acusó de ser su enemigo. Tuvimos una discusión después de la cual quiso romper toda relación conmigo. Su cambio de opinión, ocurrido durante dicho estado de regresión, no debería pesar de modo tal que se anulase el cumplimiento de sus anteriores deseos.

Lo saluda respetuosamente,

LAWRENCE JOHN

❋

Human Rights Reception Committee
43 Gramercy Park, New York,
NY 10027, Febrero 22, 1978

Sr. Lawrence John
147 Carmine St. New York, NY 10014

Querido señor John:

Gracias por su atenta carta del 17 del corriente. Veo

que usted ha comprendido lo difícil de mi posición en este caso. Yo me sentía inclinado a aceptar la solución propuesta por usted, a falta de otras pruebas sobre la determinación del señor Ramírez de no considerar la participación suya.

Desgraciadamente ha surgido otra evidencia, que no me es posible ignorar. Poco después de escribirle a usted recibí la llamada telefónica de una empleada del Hogar "Village", donde estuviera algún tiempo internado el señor Ramírez. Se trataba de la enfermera señora Anne Lewis, quien pedía alguna información sobre el fallecimiento del señor Ramírez.

Por lo que me dijo la señora Lewis, se había enterado de la triste noticia y estaba muy apenada, no se esperaba ese fin tan rápido y quería saber algo más sobre los últimos días del enfermo. Hablando así, me enteré de que ella había conversado por última vez con él pocos momentos antes de dejar el señor Ramírez el Saint Vincent's Hospital para ser llevado al aeropuerto y volar a California. El señor Ramírez la llamó para despedirse, porque según la señora Lewis ella había sido la única persona con quien había congeniado en el Hogar "Village". Ella lo encontró muy eufórico y lleno de planes, coincidiendo así con mi propia impresión. Pero hablando más la señora me refirió que el señor Ramírez se había quejado mucho de usted en esa conversación y la previno contra usted seriamente. Según el señor Ramírez usted se había comportado mal con él.

Dada la naturaleza del asunto, me vi obligado a preguntarle a la señora Lewis si había encontrado muy alterado al enfermo. Me aseguró que no, que le pareció sobreexcitado pero lúcido. A esa altura de las cosas creí conveniente poner a la señora Lewis al tanto del problema existente con las disposiciones contradictorias. Entonces ella me repitió lo que el señor Ramírez le había dicho. Según esas palabras, usted había maniobrado de modo de excluir al señor Ramírez de la elaboración del proyecto en la universidad de Montreal, y por eso él no quería tener más contacto con usted.

Como usted comprenderá, ya existiendo un testigo sobre el caso, se me hace imposible considerar su intervención en algún eventual trabajo que se haga sobre los libros del señor Ramírez. Seguramente algo se hará, no necesariamente con la Universidad de Montreal, con la cual no tenemos establecidas relaciones en el pasado. Le agradecemos de todos modos su indicación respecto al valor de dichos documentos, y sin duda se hará lo necesario para que esos trabajos se publiquen. La institución de que formo parte se interesa vivamente en la discusión de esos temas.

Espero que sepa comprender lo difícil e inevitable de mi decisión, le ruego me disculpe por no haber podido aclarar la situación más rápidamente. Sinceramente suyo,

Eli Margulies
Secretario de Asuntos Internos

Estado de Nueva York
Agencia de Colocaciones
25 Church Street, Nueva York
NY 10013

SOLICITUD DE EMPLEO
Nombre: Lawrence John
Nacionalidad: USA
Domicilio: Carmine 147, Nueva York, NY 10014
Fecha de nacimiento: Febrero 27, 1942

Estado civil: Divorciado

Estudios: Profesorado en Historia, Universidad de Nueva York, egresado 1970

Empleos previos: Profesor de Historia en la Universidad de San Antonio Abad, Brooklyn, de junio 1971 a diciembre 1973.

Restaurant "The Mikado", MacDougall St., servicio de bar, 1974.

Jardinero, en la propiedad del señor James Austin, East Hampston, New York, 1974-76.

Restaurant "Salerno", Broome St., servicio de mesas, 1977.

Acompañante de gente de edad, 1977-78.

Empleo socilitado: Indeterminado.

(Atención del Sr. Brown, del Depto. de Empleos Profesionales)

Estimado Sr. Brown: Perdone que le escriba así, detrás del formulario, pero no tengo otro papel a mano. No sé si me recordará, hace dos años, en 1976, me llevaron a su oficina porque me negué a aceptar un trabajo de profesor universitario, y eso iba contra las reglas del Seguro Social, es decir que yo no podía cobrar la ayuda del desempleo si rechazaba un trabajo dentro de mi especialidad. Lo que yo pretendía era esperar hasta que apareciera otro trabajo de ayudante de jardinero. Soy muy canoso ¿me recuerda? Pues bien, acababa de escribir en el formulario —como todos estos años ¡ya son seis!— empleo indeterminado, o sea cualquier cosa con la condición de que fuera modesta. Pero no sé qué idea extraña me ha asaltado y voy a tachar esa última línea.

He cambiado de parecer y ahora estoy dispuesto a volver a un trabajo universitario de responsabilidad. Pero no cualquiera, enseñar no, por ejemplo. Quiero algo en contacto directo con medios de investigación activos, no repetir errores del pasado. Lo ideal sería algo que ver con investigaciones de orden político-social. Digo más, lo ideal sería algo en contacto directo con medios sindicales. ¿No piden los sindicatos asesoría sociológica alguna vez? Claro que no cualquier medio sindical, tendría que ser uno de signo progresista. Y en último caso también reaccionario, sería provechoso ver de cerca cómo operan, no creo contagiarme, eso no se contagia como la gripe virósica. Y siempre se puede hacer algún trabajo de sabotaje. Estoy bromeando. Lo importante es que de veras le prometo dar lo mejor de mí, de pronto me di cuenta que usted tenía razón con sus consejos. Se lo debo todo a usted. Sé que estoy pidiendo una cosa rara, pero tengo la íntima convicción de que algo se podría resolver. De mi parte no hay problema, como lo había antes, y para mí ya eso es mucho. Vaya a saber por qué esta convicción, de que las cosas pueden ir bien ahora para mí, y nada menos que en un terreno tan duro como el sindical. Me siento optimista por primera vez en mucho tiempo. Debe ser gracias a la buena semilla de su consejo, que germinó por fin. Claro que mientras se presenta algo bueno estoy dispuesto a tomar cualquier trabajo modesto porque hay que comer. Pero sólo provisoriamente, mientras aparece la gran oportunidad. Perdone mi informalidad. No estoy bajo el efecto de alguna cosa rara. Odio los excitantes, no bebo ni café.

Espero pronto su llamado, gracias anticipadas.

LAWRENCE JOHN

Impreso en el mes
de agosto de 1981
en Gráficas Diamante,
Zamora, 83
Barcelona - 18